D1188366

"Náufragas"
y otros cuentos

European Masterpieces
Cervantes & Co. Spanish Classics N° 46

General Editor
Tom Lathrop
Cervantes Society of America

EMILIA PÁRDO BAZÁN

"Náufragas" y otros cuentos

Edited and with notes
by

LINDA M. WILLEM

Cervantes & Co.

Copyright © 2010 by European Masterpieces
An imprint of LinguaText, Ltd.
270 Indian Road
Newark, Delaware 19711-5204 USA

(302) 453-8695
Fax: (302) 453-8601

www.EuropeanMasterpieces.com

MANUFACTURED IN THE UNITED STATES OF AMERICA

ISBN 978-1-58977-069-0

Table of Contents

Introduction to Students

PARDO BAZÁN'S LIFE AND WORKS

EMILIA PARDO BAZÁN IS a major canonical figure, standing alongside Benito Pérez Galdós and Leopoldo Alas (Clarín) to form a triad of Spain's most renowned authors of nineteenth-century prose fiction. She also is widely regarded as the foremost woman writer within all of Spanish literature. Born on September 16, 1851 in A Coruña (Galicia), she grew up as the only child of a wealthy family that encouraged her intellectual development. At a time when girls of her social class received little training beyond lessons in piano, embroidery, basic mathematics, and French, the young Emilia was given access to her father's library, where she avidly read works of philosophy, history, science, the classics, and Golden Age literature. At the age of sixteen she married a young law student three years her senior, José Quiroga y Pérez Denza. It was an arranged marriage sponsored by both families and willingly entered into by both the bride and groom. The young couple lived in Santiago de Compostela for the completion of José's degree, with Emila reading her husband's law books and sharing in the writing and editing of his papers. Her father's political activities brought her to Madrid in the winters, and a trip to Europe a few years later with her husband and parents inspired a keen interest in her to learn languages in order to read the national literatures of other countries in their original form rather than in translation. In 1876 Emilia gave birth to her first child, Jaime, followed by María de las Nieves (Blanca) in 1878, and Carmen in 1881. Two years later she became estranged from her husband when he demanded that she forsake her writing career following the scandal caused by her collection of essays, *La cuestión palpitante*, which dealt

7

with ~~material deemed unsuitable for a woman.~~

This separation marked the beginning of her greatest literary productivity. From 1885-89 she published her most famous novels (*Los Pazos de Ulloa*, *La Madre Naturaleza*, and *Insolación*), as well as her first collection of short stories. She also gave a series of lectures at the Ateneo in Madrid on Russian literature. Despite her standing in the profession, however, in 1889 ~~she was denied being named to the Royal Spanish Academy based on her sex. A long-time advocate of women's rights, Pardo Bazán became increasingly engaged in the struggle for social equality for women,~~ writing and speaking on such topics as the sexual double standard, the limiting effect of an inadequate education on women, spousal abuse, and the exclusion of women as participants in various aspects of society. During the decade of the 1890's she took on new challenges: founding, directing, and contributing to her own literary and arts magazine (*Nuevo Teatro Crítico*) and book series (*La Biblioteca de la mujer*). The twentieth-century brought public recognition of her accomplishments. In 1906 she became President of the Sección Literaria of the Madrid Ateneo; in 1908 Alfonso XIII conferred on her the title of Condesa; in 1910 she became an advisor of Public Instruction; and in 1916 she was named Catedrática de Literatura Contemporánea de Lenguas Neolatinas of the Universidad Central. ~~During her prolific career Pardo Bazán published a collection of poetry, 20 novels, 21 novellas, some 580 short stories, seven plays, two cookbooks, and countless non-fiction essays~~ on topics ranging from literary criticism to social commentary, and from travel writing to hagiography. Her biographer, Carmen Bravo-Villasante, cites Pardo Bazán's father as having told his daughter at an early age that "~~los hombres somos muy egoístas, y si te dicen alguna vez que hay cosas que pueden hacer los hombres y las mujeres no, di que es una mentira, porque no puede haber dos morales para los dos sexos,~~" and indeed, throughout her life Pardo Bazán proved her ability to match or surpass the accomplishments of her male contemporaries despite the sexist attitudes of her era. She died on May 12, 1921 at the age of 69, having achieved the status of a larger-than-life figure, revered and respected by some for her enormous talent, but reviled and ridiculed by others for her strong views.

Nineteenth-Century Spain

"Tres acontecimientos importantes en mi vida se siguieron muy de cerca," Pardo Bazán wrote in her "Apuntes autobiográficos," "me vestí de largo, me casé y estalló la Revolución de septiembre de 1868." Indeed, she came of age in a period of political turmoil, but the seeds for the 1869 revolution were sown well before her birth, when Fernando VII died in 1833 without a male heir, and the throne passed to his infant daughter Isabel in accordance with Castilian laws, dating back to the *Siete Partidas*, which permitted female succession. Before his death Fernando VII had promulgated the *Pragmática Sanción de 1830* affirming the right of succession to his eldest daughter, but Fernando's brother Carlos refused to accept Isabel's authority, citing the *Ley sálica* of the House of Borbón, which prohibited women from ascending to the throne unless there were no male descendents in either the direct (son) or lateral (brother or nephew) lines. Carlos and his supporters rose up in armed revolt, thereby beginning the first and longest of three Carlist wars that would be waged intermittently (1833-1840; 1846-1849; and 1872-1876) against the Spanish government. Each would be unsuccessful. The aim of the Carlists was to reverse liberal reforms, particularly those curtailing the influence of the Church. With the conservatives backing Carlos, Isabel's mother María Cristina (as Queen Regent for her underage daughter) reluctantly sought the support of moderate liberals. The ensuing decades ushered in extensive liberal legislation that expanded the middle class and encouraged trade and industry while limiting the power of the Church. The liberals' deepening internal friction, however, caused power-struggles between their more moderate and radical camps, leading to a series of civilian uprisings and military declarations in favor of or against one group or another. The military rose to great prominence, and with María Cristina's unwillingness to fully embrace the liberal enterprise, a general (Espartero) became Prime Minister and later replaced María Cristina as Regent. His rule was followed by that of a succession of other liberal military-politicians in what has been called the Regime of the Generals, culminating in a military coup, known as the Glorious Revolution of September 1868 (La Gloriosa) that ousted the increasingly conservative-minded Isabel II from the throne. Two generals shared the country's political powerbase, with one named as Regent (Serrano) and the other as Head of the Government (Prim). In 1870 the *Cortes* elected an Italian aristocrat—Amadeo, Duke of Savoy—to fill the vacant throne, but the assassination of his primary supporter (Prim), along with the intense in-fighting among the various liberal factions, and the strong popular resentment against a foreign king, led to his abdication in February 1873, followed immediately by the National Assembly's vote to abolish the monarchy and proclaim Spain a republic. But continuing internal disputes caused the presidency of the First Republic to change hands every few months, resulting in political chaos that was brought to an end with a military proclamation in December 1874 that forcibly dissolved the government and restored the monarchy in the person of Alfonso XII, son of Isabel II. The Restoration, finally brought a measure of peace and order to the remainder of Spain's nineteenth-century due to the creation of two official political parties—one conservative and the other liberal—that agreed to voluntarily abandon power to each other at regular intervals. This alternating system, which lasted until 1913, was know as the *turno pacífico* and guaranteed each party an eventual return to office through manipulated elections. The first rotation, in the hands of the conservatives, produced the Constitution of 1876, which unlike its short-lived predecessors, would remain in effect until its suspension under the dictatorship of Miguel Primo de Rivera in 1923.

The pre-Restoration domination of the government by liberal factions produced legislation that limited the economic authority of the Church and financially benefited the urban middle-class, which grew as a result. Reforms aimed at modernization placed Spain on the road to progress through the building of railroads, the opening of banks, the development of textile manufacturing, and the mining of copper and iron. With the Restoration also came the stability needed for Spain's first real economic boom to take place, fostering new growth in

such areas as publishing, transportation, electricity, and both the steel
and the chemical industries. Farmers from northern and central Spain
moved to the Basque Country and Cataluña to find work in mines
and factories, while Madrid experienced an influx of rural populations
from throughout the country. By the end of the century the number
of inhabitants in both Madrid and Barcelona rose to over 600,000.
But even at its height, Spain's industrialization during the nineteenth
century lagged far behind that of northern European countries, due in
part to Spain's comparatively slow population growth. With a birth
rate that barely outpaced the mortality rate, Spain did not experience
the population boom that elsewhere provided both the labor and
the consumers for a full-fledged industrial revolution. Although the
number of residents in Madrid nearly doubled between 1857 and 1900,
most were employed as functionaries and artisans or held jobs in the
service sector rather than in industry.

Despite liberal reforms and a burgeoning middle class, by the end
of the nineteenth-century 80% of the national wealth was still held
by 5% of the population. Overall, Spain remained an agrarian society,
with a constant 63-64% of the population working the land throughout
the latter half of the nineteenth-century, primarily on estates of over
250 hectares [617.76 acres] in size called *latifundios*. Many of these
estates came into being as a consequence of the *desamortización*
[disentailment] laws of 1836-1837 and 1855 that freed up for public
purchase land whose ownership had been restricted to the nobility
through inheritance, as well as land held by the Church, and common
municipal land. Large tracts of these lands were bought by the middle-
class and farmed under quasi-feudal conditions by laborers who
themselves were landless. Financial problems arose in both rural and
urban areas, with antiquated agricultural methods severely limiting
crop yields, and textile manufacturing unable to compete with France
and England. Emigration became a common solution to economic
hardship for many of Spain's working poor. Between 1874 and 1903 a
million Spaniards left to seek their fortune in other countries. Over
half of these émigrés were from Pardo Bazán's homeland of Galicia,
and they used its ports of A Coruña, Vigo, and Vilagarcía to travel

to Argentina, Cuba, and other parts of the Americas. The year 1912 represented an all-time high in Galician emigration, tapering off precipitously soon afterwards due to the outbreak of World War I.

The growth of the middle class over the second half of the nineteenth-century was accompanied by a decline in the rate of illiteracy. With a country-wide literacy rate of 20% in 1860, only 31% of males and 10% of females knew how to read and write. These abilities rose, respectively, to nearly 35% and 15% in 1877; 48% and 23% in 1887; and reached 58% and 39% in 1910. In addition, literacy was consistently higher in the cities than in the country. In 1877 when 75% of the rural population still was illiterate, a full half of the Barcelona's population could read and write, and in Madrid the literacy rate reached an overall 64%, including 47% of the female inhabitants. This increasingly literate society, in turn, provided a readership for periodicals and books, resulting in a proliferation of publishing venues. In 1867 there were 437 newspapers and magazines being printed within Spain. By 1900 that number had more than tripled to 1,347. Newspaper editors regularly published serialized novels and short stories in order to fill their pages with material that would draw customers. The authors who published in these venues found a ready audience for their works, and their readers were able to enjoy a literary experience at a relatively low cost. Also, since the price of buying an entire book was still beyond the budget of many of the newly literate, publishers often sold chapters of novels in installments to subscribers, with a boxed cover provided at the novel's conclusion. The more highly educated Spaniards could join cultural societies or congregate in the Ateneos that became more numerous after 1860, where they could hear lectures and discuss the literary, philosophical, aesthetic, political and scientific issues of the day.

The political and social transformations of the nineteenth-century also stimulated the rise of new ideas to accommodate them. While much of Spain still clung to traditional values and a theocratic view of the world, liberal intellectuals began to seek out more secular philosophies. One of particular importance was Krausism, based on the theories of the German philosopher Karl Christian

Friedrich Krause. Brought to Spain in the 1840's by the university philosophy professor Julián Sanz del Río, Krausism enjoyed a period of considerable influence from 1850 to 1880. ~~It was an active and reforming humanitarian movement whose ultimate goal was universal brotherhood built upon an ethics of Christianity.~~ Within this context it defined progress as moral perfectibility, wherein each individual strives to live in a harmonious relationship with the other members of society. The application of reason to govern all human behavior was seen as the means of achieving this goal. Science was also considered an important tool because it brings order to reality by organizing what appears to be a disorderly array of different facets of the world. ~~The emphasis of Krausism on Christianity rather than Catholicism allowed the Spanish Krausists to criticize what they viewed as abuses of authority committed by priests or superstitious and extravagant popular devotions practiced by many Catholics, while still respecting the concept of personal faith.~~ The aim was to raise the spiritual level of the people in opposition to religious sectarianism. ~~It favored tolerance and sympathy toward all religions, stressing the moral concepts they hold in common.~~ Overall, Krausism provided liberal intellectuals with an alternative to modern European philosophies that were devoid of a spiritual component. Krausism's greatest influence, however, was felt in the area of education. ~~It considered the university as the center for the moral regeneration of the nation,~~ and in 1876 the *Institución Libre de Enseñanza* was founded and directed by Francisco Giner de los Ríos, who was a personal friend and supporter of Pardo Bazán's early literary career. ~~Krausists also championed the formal education of women~~ through the founding of the *Escuela de Institutrices* in 1869.

REALISM AND NATURALISM

Realism was an international literary and artistic movement dating from the 1830's that largely ~~came about as a reaction to the equally international movement of Romanticism,~~ which was characterized by a glorification of emotions and a predilection for the exotic, the sublime, the supernatural, the folkloric, and the medieval. Realism also was in part a response to the desire by the growing middle class and the newly literate population to read stories with characters like themselves. Consequently, Realist authors attempted to write fiction that would give the illusion of reflecting life as it seemed to the common reader. Rather than presenting Romanticism's larger-than-life heroes engaged in adventurous exploits, or its sentimental characters contemplating nature and their innermost feelings, or its fantastic apparitions displaying magical powers, or its idealized peasants in quaint settings, or its knights of the Middle Ages, or its foreign lands with unusual customs, Realism described the ordinary events and everyday life of contemporary society. As such, Realist novels included characters from all walks of life, often depicting the social problems and issues of the day. The Realist movement came late to Spain, after it had been developed in France, England, and Russia by such authors as Balzac, Flaubert, Dickens, Elliot, Tolstoy, and Dostoevsky. Galdós was one of its earliest Spanish proponents. Although the majority of Pardo Bazán's short stories and novels fall within the category of Realism, her name has been more strongly associated with another literary movement, Naturalism, due to her description and critique of the theories of the naturalistic French writer Emile Zola in her series of essays entitled *La cuestión palpitante*, and because of the naturalistic elements present in some of Pardo Bazán's own works, such as *Los Pazos de Ulloa*, *La Madre Naturaleza*, and *Insolación*.

Zola's theories of Naturalism took the Realist concept of basing novels on the observation of real life a step farther. For Zola the novel was a laboratory where characters with a given set of psychological, physical, and hereditary traits were placed in constructed environments of time and space, within which their personalities would evolve through interaction with each other and their surroundings. These pseudo-scientific experiments were literary studies of pre-determined behavior, and as such, they tended to set up extreme environments of poverty and squalor where aspects of the seamier side of life—violence, crime, prostitution, drunkenness—could be shown as plausible reactions by the characters to the limitations imposed on them by their environments. During the final two decades of the nineteenth century touches of Naturalism were incorporated into the works of Spanish

Realists such as Galdós, Leopoldo Alas (Clarín), and Pardo Bazán, but all rejected the determinism of Zola's theories, preferring to show how characters could be strongly influenced by heredity and environment but ultimately were able to control of their destinies to some degree through the exercise of free will. In the preface to her novel *Un viaje de novios* Pardo Bazán particularly took issue with the pessimism that pervaded Zola's novels: "la perenne solemnidad y tristeza, el ceño siempre torvo, la carencia de notas festivas." A more positive foreign model for Pardo Bazán was the spiritually infused Russian Realist novel.

PARDO BAZÁN'S SHORT STORIES

1866 was the date of Pardo Bazán's first published short story, and her last one was released posthumously in 1921, with nearly six hundred others appearing in the intervening years. Throughout the entire last decade of the nineteenth-century and the first two decades of the twentieth, her stories formed a mainstay of the literary offerings printed in newspapers and other periodicals, with her most intense years of productivity occurring in 1897, 1898, and 1909. Pardo Bazán is by far the most prolific short-story writer of her era, and her importance in the development of that genre within Spain is matched only by Leopoldo Alas (Clarín). The vast majority of her stories were published in Madrid in such venues as *Blanco y Negro, El Imparcial, La Ilustración Española y Americana, El Liberal, La Esfera*, and her own *Nuevo Teatro Crítico*. Given the literacy rates of the time, her urban readership primarily would have been composed of both men and women of the upper and middle classes, from the aristocracy to the petty bourgeoisie. In keeping with the tenets of Realism, her stories reflect the lives of all the members of society: male and female; urban and rural; rich, poor, and in between. Also, they tend to be set in the two places where Pardo Bazán had spent most of her own life—Madrid and Galicia—and most are contemporaneous to her lifetime, thereby displaying the importance that both Realist and Naturalist authors placed on personal knowledge and direct observation.

Despite the large body of work that these stories represent, until recently they have been little studied or taught, with scholars and teachers neglecting them in favor of Pardo Bazán's novels. With few exceptions, the handful of stories that have been anthologized in textbooks are typically offered as examples of her naturalism, thereby perpetuating a narrow view of Pardo Bazán that belies the wealth of stylistic and thematic variety seen in both her novels and short fiction. Juan Paredes Nuñez's 1990 compilation of 580 of Pardo Bazán's stories in a single four-volume set, *Cuentos completos*, has sparked renewed critical interest in her work in that genre, and the 1996 tome edited by Joyce Tolliver within the MLA's Texts and Translations series, *El encaje roto y otros cuentos*, has brought sixteen of Pardo Bazán's stories into the classroom.

My volume is designed as a further step in the direction of providing scholars, teachers, and students with easy access to Pardo Bazán's short fiction. In choosing the stories, I endeavored to include examples that span the decades-long period of her most prolific short story production. I also selected works that display a variety of themes (duty, trust, deception, betrayal, revenge, self-sacrifice, desire, honor, ambition, etc.) and/or contain interesting narrative strategies (such as frame stories with levels of embedded first-person narratives, or third-person narratives containing strategic uses of free indirect style) that add subtlety, complexity, and depth. Feminist issues also arise in many of the stories through Pardo Bazán's interrogation of gender roles and societal norms. Stories with naturalistic tendencies are included, but the majority of the stories contained in these pages fit within the classification of Realism. In addition, I combined Pardo Bazán's most familiar stories—*Náufragas, Las medias rojas, El encaje roto, El indulto*, and *El disfraz*—with ones that are lesser known. Furthermore, approximately half of the twenty-one stories in this volume have never been anthologized previously in a textbook format.

The essence of the short story genre relies on a well-focused plot that is succinctly developed. Pardo Bazán herself likened the short story to a *chispazo* [flying spark], with both deriving their intensity from their brevity. But within the spatial limitations required by the genre, Pardo Bazán often imbues her characters with a humanity and psychological depth that are more characteristic of the novel. ~~In her best stories nothing is superfluous: every word contributes toward the progression of the plot, the portrayal of the characters, the development of the ideas, and the creation of tone and texture.~~ Although the settings for the stories in this volume take place over a century ago when societal practices and expectations differed considerably from those of today, the emotions of the characters—pride, greed, shame, resentment, suspicion, despair, anger, love, fear, hate, pity, loyalty—transcend the intervening years. This explains much of the continued appeal of Pardo Bazán's stories. Today's reader may not face the same problems and situations depicted in these narratives, but the human qualities (both good and bad) of the characters and the motivations for their actions (both selfless and selfish) are just as common to the twenty-first-century as they were to the nineteenth and early twentieth. In a genre know primarily as a vehicle for plots, Pardo Bazán has filled those plots with characters that resonate as much with our own era as with hers.

Editions

Pardo Bazán's short stories typically were published first in a newspaper or other periodical and collected later in the author's self-complied *Obras completas*, sometimes with additional publication venues in between. Editorial changes from the original version to its final one were frequent, but usually minor. The texts of the stories included in this volume are based on the version found in Pardo Bazán's own *Obras completas*, but they are presented in the chronological order of their first appearance in print. The publication information of both versions is listed below:

El indulto: *La Revista Ibérica*, núm. 1, 1 abril 1883. *Cuentos de Marineda* (1892).

En tranvía: *El Imparcial*, 24 febrero 1890. *En tranvía: Cuentos dramáticos* (1901).

Madre: *Nuevo Teátro Crítico*, núm. 30, diciembre 1893. *Cuentos nuevos* (1894).

El talismán: *El Imparcial*, 8 enero 1894. *Cuentos sacroprofanos* (1899).

La novia fiel: *El Liberal*, 11 febrero 1894. *Cuentos de amor* (1898).

Afra: *El Imparcial*, 5 marzo 1894. *Cuentos de amor* (1898).

La caja de oro: *El Liberal*, 26 marzo 1894. *Cuentos de amor* (1898).

¿Justicia?: *El Imparcial*, 23 abril 1894. *Cuentos de amor* (1898).

Sustitución: *El Imparcial*, 15 febrero 1897. *Cuentos dramáticos* (1901).

El encaje roto: *El Liberal*, 19 septiembre 1897. *Cuentos de amor* (1898).

Tío Terrones: *Blanco y negro*, núm. 356, 26 febrero 1898. *El fondo del alma* (1907).

La argolla: *El Imparcial*, 29 diciembre 1902. *El fondo del alma* (1907).

El gemelo: *El Imparcial*, 20 julio 1903. *El fondo del alma* (1907).

La enfermera: *Blanco y negro*, núm. 644, 5 septiembre 1903. *El fondo del alma* (1907).

Un duro falso: *El Imparcial*, 10 septiembre 1906. *El fondo del alma* (1907).

Salvamento: *El Imparcial* 10, diciembre 1906. *Sud-Exprés* (1909).

Casi artista: *Blanco y negro*, núm. 919, 12 diciembre, 1908. *Sud-Exprés* (1909).

El disfraz: *La Ilustración española y americana*, núm. 6, 15 febrero 1909. *Sud-Exprés* (1909).

Náufragas: *Blanco y negro*, núm. 946, 19 junio 1909. *Cuentos Nuevos* (1910 edition).

En coche-cama: *La Ilustración española y americana*, núm. 39, 22 octubre 1914.

Las medias rojas: *Por esos mundos*, 1914. *Cuentos de la tierra* (1922).

Pedagogical Features of This Edition

The purpose of the Cervantes&Co. Spanish Classics series is to make important works of Spanish literature more accessible and understandable to native English-speaking students of Spanish who do not have the linguistic or cultural background required to profitably use editions of these works published in Spain for Spanish nationals. My edition is primarily aimed at undergraduates who will make use of all the pedagogical features. However, it also can be used in graduate courses by students who may benefit from the information in the introduction and footnotes while ignoring the apparatus relating to vocabulary. All of the books in this series have the same five features:

1. Introduction. The premise governing the introductions is that the students are unfamiliar with both the author and time-period of the work, and therefore, they need a general overview that places the work into its historical and cultural context without going into a great deal of detail or providing literary analysis that will get in the way of students forming their own interpretations. In writing my introduction I tailored its content to include those political, social, intellectual, and literary aspects of the nineteenth-century that students need to understand in order to more fully appreciate Pardo Bazán's short stories. Therefore, as students read the text, they should keep this information in mind.

2. Vocabulary in the margins. These are words that undergraduate students are not likely to know. The first time that each appears, it is defined in the margins. Subsequent appearances are not translated, unless they have a meaning that differs from the first, or if the word is a false cognate that can cause problems for students who do not read the stories in the order in which they appear in this volume. Words in the margins are signaled in the text by a degree sign ° following them. If a phrase is translated, the symbol ' precedes the first word and a degree sign ° follows the last. Phrases or definitions that are too long to fit in the margins are placed in the footnotes. In choosing the words to be marginalized, I had the good fortune to be able to use the actual experience of my advanced undergraduate students who read each story as it appeared in Pardo Bazán's own *Obras completas*. They documented the words they needed to look up, and if at least half of my students found a word problematic, I included it in the margin. In addition, I added many words that over my teaching career I have found to be difficult for undergraduates at the upper-intermediate to advanced level of literature courses. Finally, any words that are particularly useful for students to know for a particular story are also found in the margins.

3. Footnotes. There are two types. The first are the linguistic footnotes cited above, which contain the words from the text in boldface and their translation in italics. The second type are explanatory footnotes, which provide information that students may not know concerning material in the text. I used footnotes to clarify the references Pardo Bazán made to literature, history, classical mythology, and the names of famous people and places. In addition, a large number of my footnotes are dedicated to explaining terminology pertaining to such subjects as fashion, modes of transportation, household furnishings, medicine, law, the nobility, and the monetary system. Finally, explanatory footnotes also are used to clarify Pardo Bazán's rendering of dialects (of region and social class) as spoken by certain characters.

4. Glossary. This is a Spanish-English dictionary geared specifically to the short stories in this volume. In addition to all the words in the margins, a great many other words from the texts are included to accommodate a wide range of linguistic ability. In all, the glossary contains more words than any one student will need to look up. However, I have not defined the most basic verbs (such as *ir, dar,* etc.) unless they are used in an expression (such as *darse cuenta de*). Neither have I included Spanish words that have cognates in English. Each definition in the glossary is followed by the number of the story in which it first appeared. If it changes meaning in subsequent stories, each definition is cited with the appropriate story number. In establishing the order of the definitions for any given word, I placed the definitions of the word itself before definitions of any expressions containing the word. I also listed words by their most basic form: diminutives and augmentatives are defined by their noun or adjective of origin (i.e. *chiquito* is a variation of *chico*), and the meanings of adverbs ending in *mente* can be determined by the adjectives that formed them (for example, *lento* is the origin of *lentamente*). Consequently, there is no separate listing for a diminutive, an augmentative, or an adverb ending in *mente* unless it differs in meaning from the word upon which it is based.

5. Text. In accordance with the editorial guidelines of the Spanish Classics Series, I have altered the punctuation of the stories, most notably with regard to quotations, where in lieu of guillemets and dashes I have used double quotation marks (or single ones to enclose quotations within quotations). In addition, I have updated the spelling of words by removing superfluous accent marks. No other changes have been made to the text, including the retention of instances of *laísmo* (the use of the pronouns *la* and *las* instead of *le* and *les* for human female indirect object referents) and *leísmo* (the use of the pronouns *le* and *les* instead of *lo* and *los* for human male direct object referents) present in some stories as they appeared in Pardo Bazán's own *Obras completas*.

ACKNOWLEDGMENTS

I wish to thank Tom Lathrop for his immediate support of this project to familiarize undergraduates with a wider range of Pardo Bazán's stories than are usually found in classroom anthologies of Spanish literature. I also am grateful to the libraries of Indiana University and Harvard University for lending me first-edition copies of Pardo Bazán's own *Obras completas*, and to the Biblioteca Nacional in Madrid for granting me access to the periodicals in which the stories in this volume originally appeared. My thanks also go to Sheridan Stormes (Music & Fine Arts Librarian at Butler University) and Richard LeSueur (Music Specialist, retired, of the Ann Arbor District Library) for their time and expertise in helping me with an opera reference for a footnote in one of the stories. In addition, I would like to express my appreciation to Tom and Betty Lofton for the funds associated with the Betty Blades Lofton Endowed Chair that I am honored to hold. Their generosity financed my archival research not only in Madrid but also in A Coruña, where I was warmly received and aided by Ricardo Axeitos Valiño and Patricia Carballal Miñán of the Real Academia Galega, and by Julia Santiso of the Casa-Museo Pardo Bazán. On a more personal note, I wish to acknowledge the continuing support of my husband, Stephen Asunto, for my professional endeavors. Whether patiently listening to my plans for this volume, or hauling my luggage through Spanish airports and streets in our travels to archives, or scanning and reconfiguring each of the twenty-one stories into an electronic format, he again has shown his willingness to make my interests his own.

Furthermore, I wish to recognize the dedication to this project shown by the following students in my SP 430: Cuentos de Pardo Bazán course held in the Fall semester of 2009: Denice Almuete-Cariaso, Victoria Buchanan, Kelly Jackson, Stephanie Joyce, Brianna Lamoso, Alex McKinney, Brittany Moser, Brian Rochford, Ted Seger, Curran Sukowaty, Craig Summitt, Victoria Vepari (who provided me with insights on the special problems that might face readers who are not native speakers of either English or Spanish), and Josie Villanueva (who pointed out words that could be difficult for heritage-speakers of Spanish).

Finally, the following is a list of the informational sources I consulted for the writing of my introduction, footnotes, and glossary:

Almeda, Margarita and Ana María Freire. *Vida y obra literaria de Emilia Pardo Bazán*. Madrid: UNED, 1997. Video.

Alvarez Junco, José and Adrian Shubert, eds. *Spanish History Since 1800*. New York: Oxford UP, 2000. Print.

Bahamonde, Angel. *España en democracia: El Sexenio, 1868-1874*. Historia de España 23. Madrid: Ediciones Temas de Hoy, 1996. Print.

Bravo-Villasante, Cármen. *Vida y obra de Emilia Pardo Bazán: Correspondencia amorosa con Pérez Galdós*. Madrid: Magisterio Español, 1973. Print

Carr, Raymond. *Spain 1808-1975*. 2nd ed. New York: Oxford UP. 1982.

Crónica de España. Barcelona: Plaza & Janes Editores, 1988. Print.

Crónica de Madrid. Barcelona: Plaza & Janes Editores, 1990. Print.

Dardé, Carlos. *La Restauración, 1875-1902: Alfonso XII y la regencia de María Cristina*. Historia de España 24. Madrid: Ediciones Temas de Hoy, 1997. Print.

"La emigración española en el periódico *la Voz de Galicia* en el año 1913." StarMedia. Web.

España: siglo XIX (1834-1898). Madrid: Anaya, 1991. Print.

García-Pelayo y Gross, Ramón. *Pequeño Larousse en color: diccionario enciclopédico de todos los conocimientos*. Paris: Ediciones Larousse, 1972.

Print.

López-Morillas, Juan. *The Krausist Movement and Ideological Change in Spain 1854-1874.* Cambridge: Cambridge UP, 1981. Print.

McKenna, Susan. *Crafting the Female Subject: Narrative Innovation in the Short Fiction of Emilia Pardo Bazán.* Washington, D.C.: Catholic U of America P, 2009. Print.

Muñoz, Pedro M. and Marcelino C. Marcos. *España: Ayer y hoy.* Upper Saddle River, NJ: Pearson/Prentice Hall, 2004. Print.

Pardo Bazán, Emilia. "Apuntes autobiográficos." *Obras completas.* Ed. Harry L. Kirby. Vol. 3. Madrid: Aguilar, 1973. 698-732. Print.

Paredes Nuñez, Juan, ed. *Cuentos completos.* By Emilia Pardo Bazán. 4 vols. La Coruña: Fundación Pedro Barrie de la Maza Conde de Fenosa, 1990. Print.

———. "Prefacio." *Un viaje de novios.* Alicante: Bibiloteca Virtual de Cervantes, 2000. Web.

Steiner, Roger, ed. *Simon & Schuster's International Spanish Dictionary: English/Spanish, Spanish/English.* 2nd ed. New York: Macmillan, 1997. Print.

Ross, Christopher J. *Spain: 1812-1996: Modern History for Modern Languages.* London: Arnold, 2000. Print.

Tolliver, Joyce. Introduction. *"El encaje roto" y otros cuentos.* By Emilia Pardo Bazán. Ed. Joyce Tolliver. New York: Modern Language Association, 1996. Print.

Turina Gómez, Joaquín. *Historia del Teatro Real.* Madrid: Alianza, 1997. Print.

Vincent, Mary. *Spain 1833-2002: People and State.* Oxford: Oxford UP, 2007. Print.

Wikipedia. Web.

I

El indulto° pardon

DE CUANTAS MUJERES ENJABONABAN ropa en el lavadero público de Marineda,[1] ateridas por el frío cruel de una mañana de marzo, Antonia la asistenta era la más encorvada, la más abatida,° la que torcía con menos brío, la que refregaba con mayor desaliento; a veces, interrumpiendo su labor, pasábase el dorso° de la mano por los enrojecidos párpados,° y las gotas de agua y las burbujas de jabón parecían lágrimas sobre su tez° marchita.

Las compañeras de trabajo de Antonia la miraban compasivamente, y de tiempo en tiempo, entre la algarabía de las conversaciones y disputas, se cruzaba un breve diálogo, 'a media voz,° entretejido con exclamaciones de asombro, indignación y lástima. Todo el lavadero 'sabía al dedillo° los males de la asistenta, y hallaba en ellos asunto para interminables comentarios: nadie ignoraba° que la infeliz, casada con un mozo carnicero, residía, años antes, en compañía de su madre y de su marido, en un barrio extramuros, y que la familia 'vivía con desahogo,° gracias al asiduo trabajo de Antonia y a 'los cuartejos° ahorrados por la vieja en su antiguo oficio° de revendedora, baratillera y prestamista.° Nadie había olvidado tampoco la lúgubre tarde en que la vieja fue asesinada, encontrándose 'hecha astillas° la tapa del arcón donde guardaba sus caudales° y ciertos pendientes y brincos[2] de oro. Nadie, tampoco, el horror que infundió en el público la nueva° de que el ladrón y asesino no era sino el marido de Antonia, según

disheartened

back, eyelids

facial complexion

in a low voice

knew by heart

was unaware

lived comfortably
the money
occupation, money-
   lender
smashed to bits
life savings
news

---

1 **Marineda** is the fictional counterpart of Pardo Bazán's native city of A Coruña. It is located Spain's northwestern region of Galicia.

2 A **brinco** is a small piece of jewelry, often fashioned in the shape of an animal. It is typically made of gold and enamel, and can contain pearls and/ or small gems.

esta misma³ declaraba, añadiendo que desde tiempo atrás roía al criminal la codicia° del dinero de su suegra, con el cual deseaba establecer una tablajería° suya propia. Sin embargo, el acusado 'hizo por 'probar la coartada,° 'valiéndose del° testimonio de dos o tres amigotes de taberna, y de tal modo envolvió el asunto, que, en vez de 'ir al palo,° salió con veinte años 'de cadena.° No fue tan indulgente la opinión como la ley: además de la declaración de la esposa, había un indicio vehementísimo:⁴ la cuchillada que mató a la vieja, cuchillada certera y limpia, asestada de arriba abajo, como las que los matachines dan a los cerdos,° con un cuchillo ancho y afiladísimo, de cortar carne. Para el pueblo 'no cabía duda° en que el culpable debió 'subir al cadalso.° Y el destino de Antonia comenzó a infundir sagrado terror cuando fue esparciéndose el rumor de que su marido *'se la había jurado*° para el día en que saliese del presidio, por acusarle. La desdichada quedaba encinta,° y el asesino la dejó avisada de que, a su vuelta, se contase entre los difuntos.

　　Cuando nació el hijo de Antonia, ésta⁵ no pudo criarlo, tal era su debilidad y demacración y la frecuencia de las congojas que desde el crimen la aquejaban; y como no le permitía el estado de su bolsillo pagar ama, las mujeres del barrio que tenían niños de pecho 'dieron de mamar° por turno a la criatura, que creció enclenque, resintiéndose de todas las angustias de su madre. Un tanto repuesta ya, Antonia se aplicó con ardor al trabajo, y aunque siempre tenían sus mejillas esa azulada palidez que se observa en los enfermos del corazón, recobró su silenciosa actividad, su aire apacible.

　　¡Veinte años de cadena! En veinte años (pensaba ella 'para sus adentros°) él se puede morir o me puedo morir yo, y de aquí allá, falta mucho todavía. La hipótesis de la muerte natural no la asustaba, pero la espantaba imaginar solamente que volvía su marido. En vano las cariñosas vecinas la consolaban indicándole la esperanza remota de que el inicuo parricida 'se arrepintiese,° se enmendase, o, como decían ellas, "se volviese de mejor idea;"⁶

Margin glosses:

greed

butcher shop

provided an alibi, making use of the

being hanged, imprisonment

pigs

there was no doubt, be executed

had sworn revenge

pregnant

breastfed

to herself

would repent

3　**Esta misma** refers to Antonia.
4　**Un indicio….** *some circumstantial evidence*
5　**Esta** refers to Antonia.
6　**Se volviese…** *he might change his mind for the better*

meneaba° Antonia la cabeza entonces, murmurando sombría-   °would shake
mente:

"¿Eso él? ¿De mejor idea? Como no baje Dios del cielo en
persona y le saque aquel corazón perro° y le ponga otro…"   °rotten

Y, al hablar del criminal, un escalofrío° corría por el cuerpo   °shiver
de Antonia.

En fin, veinte años tienen muchos días, y el tiempo aplaca la
pena más cruel. Algunas veces, figurábasele a Antonia que todo
lo ocurrido era un sueño, o que la ancha boca del presidio, que se
había tragado al culpable, no le devolvería jamás; o que aquélla
ley que al cabo supo castigar° el primer crimen, sabría prevenir el   °punish
segundo. ¡La ley! Esa entidad moral, de la cual se formaba Antonia un concepto misterioso y confuso, era sin duda fuerza terrible,
pero protectora; mano de hierro que la sostendría al borde del
abismo. Así es que a sus ilimitados temores° se unía una confian-   °fears
za° indefinible, fundada sobre todo en el tiempo transcurrido y   °trust
en el que aún faltaba para 'cumplirse la condena.°   °serve the sentence

¡Singular enlace el de los acontecimientos![7]

No creería de seguro el rey, cuando vestido de capitán general
y con el pecho cargado de condecoraciones daba la mano ante el
ara° a una princesa,[8] que aquel acto solemne costaba amarguras   °altar
sin cuento a una pobre asistenta, en lejana capital de provincia.
Así que Antonia supo que había recaído indulto en su esposo,[9]
no pronunció palabra, y la vieron las vecinas sentada en el umbral°   °threshold
de la puerta, con las manos cruzadas, la cabeza caída sobre el pecho, mientras el niño, alzando° su cara triste de criatura enfermi-   °raising
za, gimoteaba:°   °whined

"Mi madre… ¡Caliénteme la sopa, por Dios, que tengo hambre!"

El coro benévolo y cacareador de las vecinas rodeó a Antonia.
Algunas se dedicaron a arreglar la comida del niño, otras anima-
ban a la madre del mejor modo que sabían. ¡Era bien tonta en
afligirse° así! ¡Ave María Purísima! ¡No parece sino que aquel   °to be upset
hombrón no tenía más que llegar y matarla! Había Gobierno,

---

7 **¡Singular enlace …** *what an unusual connection of events!*

8 This event refers to the wedding of Alfonso XII and María Christina
of Austria in Madrid on November 29, 1879.

9 **Había recaído…** *her husband had been granted a pardon*

gracias a Dios, y Audiencia, y serenos;° se podía acudir a los cela-   night watchmen
dores, al alcalde...

"¡Qué alcalde!" decía ella con hosca mirada y apagado acento.

"O al gobernador, o al regente, o al jefe de municipales; había
que ir a un abogado, saber lo que dispone la ley..."

Una buena moza, casada con un guardia civil,[10] ofreció enviar
a su marido para que le *metiese un miedo*[11] al picarón; otra, resuelta y morena, se brindó a quedarse todas las noches a dormir en
casa de la asistenta. En suma, tales y tantas fueron las muestras de
interés de la vecindad, que Antonia se resolvió a intentar algo, y
sin levantar la sesión,[12] acordóse consultar a un jurisperito,° a ver   legal expert
qué recetaba.

Cuando Antonia volvió de la consulta, más pálida que de
costumbre, de cada tenducho y de cada cuarto bajo salían muje-
res 'en pelo° a preguntarle noticias, y se oían exclamaciones de ho-   half naked
rror. ¡La ley, en vez de protegerla,° obligaba a la hija de la víctima   protecting her
a vivir bajo el mismo techo, maritalmente con el asesino!

"¡Qué leyes, divino Señor de los cielos! ¡Así los bribones que
las hacen las aguantarán!" clamaba indignado el coro. "¿Y no habrá algún remedio,[13] mujer, no habrá algún remedio?"

"Dice que nos podemos separar... después de una cosa que le
llaman divorcio."

"¿Y qué es divorcio, mujer?"

"Un pleito° muy largo."   lawsuit

Todas dejaron caer los brazos con desaliento: los pleitos no se
acaban nunca, y peor aún si se acaban, porque los pierde siempre
el inocente y el pobre.

"Y para eso," añadió la asistenta, "tenía yo que probar antes
que mi marido me daba 'mal trato.'°   abuse

"¡Aquí de Dios! ¿Pues aquel tigre° no le había matado a la ma-   blood-thirsty man
dre? ¿Eso no era mal trato, eh? ¿Y no sabían hasta los gatos que la
tenía amenazada° con matarla también?"   threatened

"Pero como nadie lo oyó... Dice el abogado que se quieren
pruebas claras..."

---

10 The guardia civil police force patrolled the countryside.

11 **Le metiese...** *would give him a good scare*

12 **Sin levantar...** *without adjourning the meeting*

13 **¿Y no...** *isn't there any other way?*

Se armó una especie de motín;° había mujeres determinadas   riot
a hacer, decían ellas, una exposición al mismísimo rey, pidiendo
contraindulto; y, por turno, dormían en casa de la asistenta, para
que la pobre mujer pudiese conciliar el sueño. Afortunadamente,
el tercer día llegó la noticia de que el indulto era temporal, y al
presidiario aún le quedaban algunos años de arrastrar el grillete.[14]
La noche que lo supo Antonia fue la primera en que no se enderezó en la cama, con los ojos desmesuradamente abiertos, pidiendo
socorro.°   help

Después de este susto, pasó más de un año y la tranquilidad
renació para la asistenta, consagrada a sus humildes quehaceres.
Un día, el criado de la casa donde estaba asistiendo creyó hacer
un favor a aquella mujer pálida, que tenía su marido en presidio,
participándole como la reina iba a parir,[15] y habría indulto, 'de
fijo.°   for sure

Fregaba la asistenta los pisos, y al oír tales anuncios soltó el estropajo, y descogiendo las sayas que traía arrolladas a la cintura,[16]
salió con paso de autómata, muda y fría como una estatua. A los
recados° que le enviaban de las casas respondía que estaba enferma, aunque en realidad sólo experimentaba° un anonadamiento   messages / experienced
general, un no levantársele los brazos a labor alguna. El día del regio parto contó los cañonazos de la salva,[17] cuyo estampido le resonaba dentro del cerebro, y como hubo quien le advirtió que el
vástago real era hembra,° comenzó a esperar que un varón° habría   female, male
ocasionado más indultos. Además, ¿por qué le había de coger el
indulto a su marido? Ya le habían indultado una vez, y su crimen
era horrendo: ¡matar a la indefensa vieja que no le hacía daño alguno, todo por unas cuantas tristes monedas° de oro! La terrible   coins
escena volvía a presentarse ante sus ojos: ¿merecía indulto la fiera
que asestó aquella tremenda cuchillada? Antonia recordaba que
la herida tenía los labios blancos, y parecíale ver la sangre cuajada
al pie del catre.

---

14 **Arrastrar el...** *to drag his shackle* (i.e. to stay in jail).

15 **Participándole como...** *informing her that since the queen was about
to give birth*

16 **Descogiéndo las...** *undoing the skirt and petticoat that were tucked
around her waist*

17 The volley of cannon shots signaled the birth of the king and queen's
first child, María de las Mercedes on September 11, 1880.

Se encerró en su casa, y pasaba las horas sentada en una silleta junto al fogón.° ¡Bah! Si habían de matarla, mejor era dejarse morir!   *kitchen stove*

Solo la voz plañidera del niño la sacaba de su ensimismamiento.

"Mi madre, tengo hambre. Mi madre, ¿qué hay en la puerta? ¿Quién viene?"

Por último, una hermosa mañana de sol se encogió de hombros,[18] y tomando un lío de ropa sucia, 'echó a andar camino del° lavadero. A las preguntas afectuosas respondía con lentos   *headed for the* monosílabos, y sus ojos se posaban con vago extravío en la espuma del jabón[19] que le saltaba al rostro.°   *face*

¿Quién trajo al lavadero la inesperada nueva, cuando ya Antonia recogía su ropa lavada y torcida e iba a retirarse? ¿Inventóla alguien con fin caritativo, o fue uno de esos rumores misteriosos, de ignoto origen, que en vísperas de acontecimientos grandes para los pueblos, o los individuos, palpitan y susurran en el aire? Lo cierto es que la pobre Antonia, al oído, se llevó instintivamente la mano al corazón, y se dejó caer hacia atrás sobre las húmedas piedras del lavadero.

"Pero ¿'de veras° murió?" preguntaban las madrugadoras a las   *really* recién llegadas.

"Sí, mujer..."

"Yo lo oí en el mercado..."

"Yo, en la tienda...."

"¿A ti quién te lo dijo?"

"A mí, mi marido."

"¿Y a tu marido?"

"El asistente del capitán."

"¿Y al asistente?"

"Su amo..."

Aquí ya la autoridad pareció suficiente, y nadie quiso averiguar más, sino dar por firme y valedera la noticia. ¡Muerto el criminal, en víspera de indulto, antes de cumplir el plazo de su castigo! Antonia la asistenta alzó la cabeza y por primera vez se tiñeron sus mejillas de un sano color y se abrió la fuente de sus

---

18 **Se encogió...** *she shrugged her shoulders*
19 **Sus ojos...** *she stared blankly with a lost look in her eyes at the soapsuds*

lágrimas. Lloraba de gozo, y nadie de los que la miraban 'se escandalizó.° Ella era la indultada; su alegría, justa. Las lágrimas se agolpaban a sus lagrimales, dilatándole el corazón, porque desde el crimen se había *quedado cortada*, es decir, sin llanto. Ahora respiraba anchamente, libre de su pesadilla.° Andaba tanto la mano de la Providencia en lo ocurrido que a la asistenta no le cruzó por la imaginación que podía ser falsa la nueva.

Aquella noche, Antonia se retiró a su casa más tarde que de costumbre, porque fue a buscar a su hijo a la escuela de párvulos,° y le compró rosquillas de *jinete*, con otras golosinas que el chico deseaba hacía tiempo, y ambos recorrieron las calles, parándose ante los escaparates, sin ganas de comer, sin pensar más que en beber el aire, en sentir la vida y en volver a tomar posesión de ella.²⁰

Tal era el enajenamiento de Antonia, que ni reparó en que la puerta de su cuarto bajo 'no estaba sino entornada.° Sin soltar de la mano al niño entró en la reducida estancia que le servía de sala, cocina y comedor, y retrocedió atónita viendo encendido el candil.° Un bulto negro se levantó de la mesa, y el grito que subía a los labios de la asistenta se ahogó en la garganta.

Era él; Antonia, inmóvil, clavada al suelo, no le veía ya, aunque la siniestra imagen se reflejaba en sus dilatadas pupilas. Su cuerpo yerto sufría una parálisis momentánea; sus manos frías soltaron al niño, que, aterrado, se le cogió a las faldas. El marido habló:

"¡Mal contabas conmigo ahora!"²¹ murmuró con acento ronco, pero tranquilo; y al sonido de aquella voz, donde Antonia creía oír vibrar aún las maldiciones y las amenazas de muerte, la pobre mujer, como desencantada, despertó, exhaló un ¡ay! agudísimo, y cogiendo a su hijo en brazos, echó a correr hacia la puerta. El hombre se interpuso.

"¡Eh..., chst! ¿Adonde vamos, patrona?" silabeó con su ironía de presidiario. "¿A alborotar el barrio a estas horas? ¡Quieto aquí todo el mundo!"

Las últimas palabras fueron dichas sin que las acompañase ningún ademán agresivo, pero con un tono que heló la sangre de

20 **Ella** refers to vida.
21 **¡Mal contabas...** *you didn't count on me being here now!*

Antonia. Sin embargo, su primer estupor se convertía en fiebre, la fiebre lúcida del 'instinto de conservación.° Una idea rápida cruzó por su mente: ampararse del niño. ¡Su padre no le conocía, pero, al fin era su padre! Levantóle en alto y le acercó a la luz.

"¿Ese es el chiquillo?" murmuró el presidiario, y descolgando el candil llególo al rostro del chico. Este[22] 'guiñaba los ojos,° deslumbrado, y ponía las manos delante de la cara como para defenderse de aquel padre desconocido, cuyo nombre oía pronunciar con terror y reprobación universal. Apretábase a su madre, y ésta,[23] nerviosamente, le apretaba también, con el rostro más blanco que la cera.

"¡Qué chiquillo tan feo!" gruñó el padre, colgando de nuevo el candil. "Parece que lo chuparon las brujas."

Antonia sin soltar al niño, se arrimó a la pared, pues desfallecía. La habitación le daba vueltas alrededor, y veía lucecitas azules en el aire.

"A ver, ¿no hay nada de comer aquí?" pronunció el marido.

Antonia sentó al niño en un rincón, en el suelo, y mientras la criatura lloraba de miedo, conteniendo los sollozos, la madre comenzó a dar vueltas por el cuarto, y cubrió la mesa con manos temblorosas; sacó pan, una botella de vino, retiró del hogar una cazuela de bacalao,° y se esmeraba sirviendo diligentemente, para aplacar al enemigo con su celo. Sentóse el presidiario y empezó a comer con voracidad, menudeando los tragos de vino. Ella permanecía 'de pie,° mirando, fascinada, aquel rostro curtido, afeitado y seco que relucía con este barniz especial del presidio. Él llenó el vaso una vez más y la convidó.

"'No tengo voluntad...,"° balbució Antonia; y el vino, al reflejo del candil, se le figuraba un coágulo de sangre.

Él lo despachó encogiéndose de hombros, y se puso en el plato más bacalao, que engulló ávidamente, ayudándose con los dedos y mascando° grandes cortezas de pan. Su mujer le miraba hartarse, y una esperanza sutil se introducía en su espíritu. Así que comiese, 'se marcharía° sin matarla; ella, después, cerraría a cal y canto la puerta,[24] y si quería matarla entonces, el vecindario

___

22 **Este** refers to the boy.
23 **Esta** refers to Antonia.
24 **Cerraría a...** *she would seal up the door*

estaba despierto y oiría sus gritos. ¡Sólo que, probablemente, le sería imposible a ella gritar! Y carraspeó para afianzar la voz. El marido, apenas se vio saciado de comida, sacó del cinto un cigarro, lo picó con la uña y encendió sosegadamente el pitillo° en el candil. cigarette

"¡Chst!... ¿Adónde vamos?" gritó viendo que su mujer hacía un movimiento disimulado hacia la puerta. "Tengamos la fiesta en paz."

"A acostar al pequeño," contestó ella sin saber lo que decía. Y refugióse en la habitación contigua llevando a su hijo en brazos. De seguro que el asesino no entraría allí. ¿Como había de tener valor para tanto? Era la habitación en que había cometido el crimen, el cuarto de su madre; pared por medio dormía antes el matrimonio;²⁵ pero la miseria° que siguió a la muerte de la vieja poverty obligó a Antonia a vender la 'cama matrimonial° y usar la de la double bed difunta. Creyéndose en salvo, empezaba a desnudar al niño, que ahora se atrevía a sollozar más fuerte, apoyado en su seno; pero se abrió la puerta y entró el presidiario.

Antonia le vio 'echar una mirada oblicua° en torno suyo, des- glance sideways calzarse con suma tranquilidad, quitarse la faja, y, por último, acostarse en el lecho° de la víctima. La asistenta creía soñar; si bed su marido abriese una navaja,° la asustaría menos quizá que mos- jack knife trando tan horrible sosiego.° El se estiraba y revolvía en las sá- calm banas, apurando la colilla y suspirando de gusto, como hombre cansado que encuentra una cama blanda y limpia.

"¿Y tú?" exclamó dirigiéndose a Antonia. "¿Qué haces ahí quieta como un poste? ¿No te acuestas?"

"Yo... no tengo sueño," tartamudeó° ella, dando diente con stammered diente.

"¿Qué falta hace tener sueño? ¿Si irás a pasar la noche de centinela?"

"Ahí... ahí..., 'no... cabemos...° Duerme tú... Yo aquí, de cual- we won't fit quier modo..."

El soltó dos o tres 'palabras gordas.° swear words

"¿Me tienes miedo o asco, o qué rayo es esto? A ver como te acuestas, o si no..."

Incorporóse° el marido, y extendiendo las manos, mostró sat up

---

25 **Pared por...** *the married couple used to sleep in the room next door*

querer saltar de la cama al suelo. Mas° ya Antonia, con la doci-　　but
lidad fatalista de la esclava, empezaba a desnudarse. Sus dedos
apresurados rompían las cintas, arrancaban violentamente los
corchetes,° desgarraban las enaguas. En un rincón del cuarto se　　clasps
oían los ahogados sollozos del niño...

Y el niño fue quien, gritando desesperadamente llamó al
amanecer a las vecinas, que encontraron a Antonia en la cama,
extendida, como muerta. El médico vino aprisa, y declaró que
vivía, y la sangró,[26] y no logró sacarle gota de sangre. Falleció a
las veinticuatro horas, de muerte natural, pues no tenía lesión°　　wound
alguna. El niño aseguraba que el hombre que había pasado allí
la noche la llamó muchas veces al levantarse, y viendo que no
respondía, echó a correr como un loco.

26　Bleeding was a medical procedure done with leeches to treat a wide
variety of illnesses.

2

En tranvía° trolley car

OS ÚLTIMOS FRÍOS DEL invierno 'ceden el paso° a la esta-   are stepping aside
ción primaveral, y algo de fluido germinador flota en la atmósfera y sube al purísimo azul del firmamento.° La gente,   sky
volviendo de misa o del matinal correteo por las calles, asalta en la
Puerta del Sol¹ el tranvía del barrio de Salamanca.² Llevan las señoras sencillos trajes de mañana; la blonda³ de la mantilla envuelve en su penumbra° el brillo de las pupilas negras; arrollado a la   semi-darkness
muñeca,° el rosario; en la mano enguantada, ocultando el 'puño   wrist
del *encas*,° un haz de lilas o un cucurucho de dulces, pendiente por   parasol handle
una cintita del dedo meñique. Algunas van acompañadas de sus
niños; ¡y qué niños tan elegantes, tan bonitos, tan bien tratados!
Dan ganas de comérselos a besos; entran impulsos invencibles de
juguetear, enredando los dedos en la ondeante y pesada 'guedeja
rubia° que les cuelga por las espaldas.   long blonde locks

En primer término, casi frente a mí, descuella un *bebé* de
pocos meses. No se ve en él, aparte de la carita regordeta° y las   chubby
rosadas manos, sino encajes,° tiras bordadas de ojetes, lazos° de   lace, bows
cinta, blanco todo, y dos bolas envueltas en lana° blanca también,   wool
bolas impacientes y danzarinas que son los piececillos.° Se empi-   little feet
na sobre ellos, 'pega brincos de gozo,° y cuando un caballero cua-   jumping for joy
rentón que va a su lado—probablemente el papá—le hace una
carantoña o le enciende un fósforo,° el mamón° se ríe con toda su   match, babe-in-arms
boca de viejo, babosa y desdentada, irradiando luz del cielo en sus
ojos puros. Más allá, una niña como de nueve años se arrellana en

---

1   The Puerta del Sol is in the center of Madrid.

2   The Salamanca district is a stylish and upscale neighborhood.

3   **Blonda** is a fashionable and very soft Spanish lace made of silk. Although the name refers to the natural color of the silk thread, it also was commonly made in black. The pattern features large flowers that stand out from
the background.

postura desdeñosa e indolente, cruzando las piernas, luciendo la
'fina canilla° cubierta con la estirada media de seda° negra y co- *slender leg, silk*
lumpiando el pie calzado con zapato inglés de charol.° La futura *patent leather*
mujer hermosa tiene ya su dosis de coquetería; sabe que la miran
y la admiran, y se deja mirar y admirar con oculta e íntima complacencia, haciendo un mohín° equivalente a "Ya sé que os gusto; *facial gesture*
ya sé que me contempláis." Su cabellera, apenas ondeada, limpia,
igual, frondosa, magnífica, la envuelve y la rodea de un halo de
oro, flotando bajo el sombrero ancho de fieltro, nubada por la
gran pluma° gris. Apretado contra el pecho lleva envoltorio de *feather*
'papel de seda,° probablemente algún juguete fino para el her- *tissue paper*
mano menor, alguna sorpresa para la mamá, algún lazo o moño
que la impulsó a adquirir su tempranera presunción. Más allá de
este capullo cerrado va otro que se entreabre ya, la hermana tal
vez, linda criatura como de veinte años, tipo afinado de morena
madrileña, sencillamente vestida, tocada° con una capotita casi *her head covered*
invisible, que realza su perfil° delicado y serio. No lejos de ella, *profile*
una matrona arrogante, recién empolvada de arroz, baja los ojos
y se reconcentra como para soñar o recordar...

  Con semejante tripulación,[4] el plebeyo tranvía reluce orgu-
llosamente° al sol, ni más ni menos que si fuese landó forrado *proudly*
de rasolís,[5] arrastrado por un tronco° inglés legítimo. Sus vidrios *team of mules*
parecen diáfanos; sus botones° de metal deslumbran; sus mulas *knobs and handles*
trotan briosas y gallardas; el conductor arrea con voz animosa,
y el cobrador° pide los billetes atento y solícito, ofreciendo en *fare-collector*
ademán cortés el pedacillo de papel blanco o rosa. En vez del olor° *odor*
chotuno que suelen exhalar los cargamentos de obreros° allá en la *manual laborers*
líneas del Pacífico y del Hipódromo,[6] vagan por la atmósfera del
tranvía emanaciones de flores, vaho° de cuerpos limpios y brisas *vapor*
del iris de la ropa blanca. Si al hacerse el pago cae al suelo una moneda, al buscarla se entreven piececitos chicos, tacones Luís XV,[7]
encajes de enaguas y tobillos° menudos. A medida que el coche *ankles*

---

  4 **Con semejante...** *with such a crew aboard*
  5 **Ni más...** *as if it were a covered carriage with a glossy satin lining*
  6 **En vez...** *instead of the unpleasant odors that usually emanate from the*
manual laborers who ride the Pacífico and Hipódromo lines
  7 A Luis XV heel was thick with a concave curve, tapered in the mid-
section and flared out at the bottom and top. This fashionable heel suppos-
edly gave the foot a smaller and more delicate appearance.

avanza por la calle de Alcalá arriba, el sol irradia más e infunde mayor alborozo el bullicio° dominguero, el gentío que hierve en las aceras, el rápido cruzar de los coches, la claridad del día y la templanza del aire. ¡Ah, qué alegre el domingo madrileño, qué aristocrático el tranvía a aquella hora en que por todas las casas del barrio se oye el choque de platos, nuncio del almuerzo, y los fruteros de cristal del comedor sólo aguardan la escogida fruta o el apetitoso dulce que la dueña en persona eligió en casa de Martinho o de Prast![8]

    °hustle and bustle

Una sola mancha° noté en la composición del tranvía. Es cierto que era negrísima y feísima, aunque acaso lo pareciese más 'en virtud del contraste.° Una mujer del pueblo se acurrucaba en una esquina, agasajando entre sus brazos a una criatura. No cabía precisar la edad de la mujer; lo mismo podría frisar en los treinta y tantos que en los cincuenta y pico.[9] Flaca como una espina, su mantón° pardusco, tan traído como llevado, marcaba la exigüidad de sus miembros: diríase que iba colgado en una percha.° El mantón de la mujer del pueblo de Madrid tiene fisonomía,[10] es elocuente y delator: si no hay prenda que mejor realce las airosas formas, que mejor acentúe el provocativo meneo de cadera° de la arrebatada chula, tampoco la hay que más revele la sórdida miseria,° el cansado desaliento de una vida aperreada y angustiosa, el encogimiento del hambre, el supremo indiferentismo del dolor,° la absoluta carencia de pretensiones de la mujer a quien marchitó la adversidad y que ha renunciado por completo, no sólo a la esperanza de agradar, sino al prestigio del sexo.

    °stain

    °by contrast

    °shawl

    °clothes hanger

    °hip

    °poverty

    °grief

Sospeché que aquella mujer del mantón ceniza,° pobre de solemnidad sin duda alguna, padecía° amarguras más crueles aún que la miseria. La miseria 'a secas° la acepta con feliz resignación el pueblo español, hasta poco hace ajeno a reivindicaciones socialistas. Pobreza es el sino° del pobre y a nada conduce protestar. Lo que vi escrito sobre aquella faz,° más que pálida, lívida;

    °ash-colored

    °was suffering from

    °by itself

    °fate

    °face

---

8 **Martinho** was a manufacturer of elegant Italian cookies, and **Prast** was a famous pastry shop.

9 **Lo mismo...** *she could just as easily have been in her mid-thirties as in her early fifties*

10 **Fisonomía** is the art of determining character or personal characteristics from the form or features of the body, especially of the face.

en aquella boca sumida por los cantos,[11] donde la risa parecía no haber jugado nunca; en aquellos ojos de párpados encarnizadosy sanguinolentos,° abrasados ya y sin llanto refrigerante, era cosa más terrible, más excepcional que la miseria: era la desesperación.   bloodshot

El niño dormía. Comparado con el pelaje° de la mujer, el de la criatura era flamante y decoroso. Sus medias° de lana no tenían desgarrones;° sus zapatos bastos, pero fuertes, se hallaban en un buen estado de conservación; su chaqueta gorda sin duda le preservaba bien del frío, y lo que se veía de su cara, un cachetito sofocado por el sueño, parecía limpio y lucio. Una boina colorada le cubría la pelona. Dormía tranquilamente; ni se le sentía la respiración. La mujer, de tiempo en tiempo, y como por instinto, apretaba contra sí al chico, palpándole suavemente con su mano descarnada, denegrida y temblorosa.   appearance / stockings / rips or tears

El cobrador se acercó librillo en mano, revolviendo en la cartera la calderilla.° La mujer se estremeció como si despertase de un sueño, y registrando° en su bolsillo, sacó, después de exploraciones muy largas, una moneda de cobre.°   coins for change / searching / copper

"¿Adónde?"

"Al final."[12]

"Son quince céntimos[13] desde la Puerta del Sol, señora," advirtió el cobrador, entre regañón y compadecido, "y aquí me da usted diez."

"¡Diez!...," repitió vagamente la mujer, como si pensase en otra cosa. "Diez..."

"Diez, sí; un 'perro grande°... ¿No lo está usted viendo?"   ten céntimo coin

"Pero no tengo más," replicó la mujer con dulzura e indiferencia.

"Pues quince hay que pagar," advirtió el cobrador con alguna severidad, sin resolverse a gruñir demasiado, porque la compasión se lo vedaba.°   forbade

A todo esto, la gente del tranvía comenzaba a enterarse del episodio, y una señora buscaba ya su portamonedas° para enjugar   change purse

---

11   **Sumida por...** *sunken at the corners*

12   **Al final...** *to the end of the line*

13   From October 19, 1868 to January 1, 2002 the currency of Spain was based on the peseta, which consisted of 100 céntimos. It was informally subdivided into 4 reales worth 25 céntimos each. A denomination of five pesetas was called a duro (worth 500 céntimos or 20 reales).

aquel insignificante déficit.

"No tengo más," repetía la mujer porfiadamente,° sin irritarse   insistently
ni afligirse. Aun antes de que la señora alargase el 'perro chico,°   five céntimo coin
el cobrador volvió la espalda encogiéndose de hombros, como
quien dice: "De estos casos se ven algunos." De repente, cuando
menos se lo esperaba nadie, la mujer, sin soltar a su hijo y echando llamas por los ojos, se incorporó, y con acento furioso exclamó,
dirigiéndose a los circunstantes:

"¡Mi marido se me ha ido con otra!"[14]

Este 'frunció el ceño,° aquél reprimió la risa;[15] al pronto creí-   frowned
mos que se había vuelto loca la infeliz para gritar tan desafora-
damente y decir semejante incongruencia; pero ella ni siquiera
advirtió el movimiento de extrañeza del auditorio.

"Se me ha ido con otra," repitió entre el silencio y la curiosidad
general. "Una ladronaza pintá y rebocá, como una paré.[16] Con
ella se ha ido. Y a ella la da cuanto gana, y a mí 'me hartó de palos.°   he beat me
En la cabeza me dio un palo. La tengo rota. Lo peor, que se ha ido.
No sé dónde está. ¡Ya van dos meses que no sé!"

Dicho esto, cayó en su rincón desplomada, ajustándose maquinalmente el pañuelo de algodón° que llevaba atado 'bajo la   cotton
barbilla.° Temblaba como si un huracán interior la sacudiese, y   tip of the chin
de sus sanguinolentos ojos caían por las demacradas mejillas dos
ardientes y chicas lágrimas. Su lengua articulaba por lo bajo palabras confusas, el resto de la queja, los detalles crueles del drama
doméstico. Oí al señor cuarentón que encendía fósforos para entretener al mamoncillo, murmurar al oído de la dama que iba a
su lado.

"La desdichada esa… Comprendo al marido. Parece un 'trapo   old rag
viejo.° ¡Con esa jeta° y ese ojo de perdiz que tiene!"   face (pejorative)

La dama tiró suavemente de la manga al cobrador, y le entregó algo. El cobrador se acercó a la mujer y la puso en las manos
la dádiva.°   gift

"Tome usted… Aquella señora la regala una peseta."°   100 céntimo coin

El contagio obró instantáneamente. La tripulación entera

---

14   **Mi marido…** *my husband left me for another woman*
15   **Este** and **aquel** refer to passengers.
16   **Pintá y…** *painted and whitewashed, like a wall* (i.e. **pintá** = pintada;
rebocá = revocada; **paré** = pared).

del tranvía se sintió acometida del ansia de dar. Salieron a relucir portamonedas, carteras y saquitos. La colecta fue tan repentina como relativamente abundante.

Fuese porque el acento desesperado de la mujer había ablandado y estremecido todos los corazones, fuese porque es más difícil abrir la voluntad a soltar la primera peseta que a tirar el último duro,° todo el mundo quiso correrse, y hasta la desdeñosa chiquilla de la gran melena rubia, comprendiendo tal vez, en medio de su inocencia, que allí había un gran dolor que consolar, hizo un gesto monísimo,° lleno de seriedad y de elegancia, y dijo a la hermanita mayor: "María, algo para la pobre." Lo raro fue que la mujer ni manifestó contento ni gratitud por aquel maná que le caía encima.[17] Su pena se contaba, sin duda, en el número de las[18] que no alivia el rocío de plata. Guardó, sí, el dinero que el cobrador la puso en las manos, y con un movimiento de cabeza indicó que se enteraba de la limosna:[19] nada más. No era desdén, no era soberbia,° no era incapacidad moral de reconocer el beneficio: era absorción en un dolor más grande, en una idea fija que la mujer seguía al través del espacio, con mirada visionaria y el cuerpo en epiléptica trepidación.

Así y todo, su actitud hizo que se calmase inmediatamente la emoción compasiva. Él que da limosna es casi siempre un egoistón de marca que se perece por el 'golpe de varilla° transformador de lágrimas en regocijo.° La desesperación absoluta le desorienta, y hasta llega a mortificarle en su 'amor propio,° a título de declaración de independencia que se permite el desgraciado. Diríase que aquellas gentes del tranvía se avergonzaban unas miajas de su piadoso arranque 'al advertir° que después de una lluvia de pesetas y dobles pesetas, entre las cuales relucía un duro nuevecito, del nene,[20] la mujer 'no se reanimaba° poco ni mucho, ni les hacía

five peseta coin

very cute

prideful arrogance

stroke of a wand
joy
self-esteem

upon noticing

didn't cheer up

---

17 **Mana que...** *manna that fell upon her.* This refers to the small, round bread that was miraculously supplied to the Israelites in the wilderness (Exodus 16:14-36).

18 **Las** refers to **penas**.

19 A **limosna** is money given as charity.

20 **Un duro nuevecito, del nene** refers to the five peseta silver coins that were minted from 1888-92 with the head in profile of the infant king Alfonso XIII, born on May 17, 1886.

pizca de caso.[21] Claro está que este pensamiento no es de los que se comunican 'en voz alta,° y, por lo tanto, nadie se lo dijo a nadie; todos se lo guardaron para sí y fingieron indiferencia, aparentando una distracción de buen género y hablando de cosas que ninguna relación tenían con lo ocurrido. "No te arrimes, que me estropeas las lilas." "¡Qué gran día hace!" "¡Ay!, la una ya; cómo estará tío Julio con sus prisas para el almuerzo..." Charlando así, encubrían el hallarse avergonzados, no de la buena acción, sino del error o chasco° sentimental que se la había sugerido.

    Poco a poco fue descargándose el tranvía. En la bocacalle° de Goya soltó ya mucha gente. Salían con rapidez, como quien suelta un peso° y termina una situación embarazosa, y evitando mirar a la mujer inmóvil en su rincón, siempre trémula, que dejaba marchar a sus momentáneos bienhechores, sin decirles siquiera: "Dios se lo pague." ¿Notaría que el coche iba quedándose desierto? No pude menos de llamarle la atención:

    "¿Adónde va usted? Mire que nos acercamos al 'término del trayecto.° No se distraiga y vaya a pasar de su casa."

    Tampoco me contestó; pero con una cabezada° fatigosa me dijo claramente: "¡Quia! Si voy mucho más lejos... Sabe Dios, desde el cocherón, lo que andaré a pie todavía."

    El diablo (que también se mezcla a veces en estos asuntos compasivos) 'me tentó° a probar si las palabras aventajarían a las monedas en calmar[22] algún tanto la ulceración de aquella alma en carne viva.

    "Tenga ánimo,° mujer," la dije enérgicamente. "Si su marido es un mal hombre, usted por eso no se abata. Lleva usted un niño en brazos... para él debe usted trabajar y vivir. Por esa criatura debe usted intentar lo que no intentaría por sí misma. Mañana el chico aprenderá un oficio° y la servirá a usted de amparo. Las madres no tienen derecho a entregarse a la desesperación, mientras sus hijos viven."

    De esta vez la mujer salió de su estupor; volvióse y clavó en mí sus ojos irritados y secos, de horrible párpado ensangrentado y colgante. Su mirada fija removía el alma. El niño, entretanto,° se había despertado y estirado los bracitos, bostezando° perezo-

aloud

disappointment

street intersection

weight

end of the line

nod

tempted me

courage

trade

meanwhile

yawning

---

21 **Les hacía...** *hardly took any notice of them*
22 **Si las...** *if words would do more than the coins to calm*

samente. Y la mujer, agarrando a la criatura, la levantó 'en vilo° y   in the air
me la presentó. La luz del sol alumbraba 'de lleno° su cara y sus   completely
pupilas, 'abiertas de par en par.° Abiertas, pero blancas, cuajadas,   wide open
inmóviles. El hijo de la abandonada era ciego.°   blind

3
Madre

CUANDO ME ENSEÑARON A la condesa° de Serená, no   countess
pude creer que aquella señora fuese, 'hará cosa de cinco o
seis años,¹ una hermosura de esas que en la calle obligan
a volver la cabeza y en los salones abren surco.² La dama a quien
vi con un niño en brazos y vigilando los juegos de otro, tenía el
semblante° enteramente desfigurado, monstruoso, surcado en to-   face
das direcciones por repugnantes cicatrices° blancuzcas, sobre una   scars
tez denegrecida y amoratada; 'un ala de la nariz° era distinta de   one nostril
la compañera, y hasta los mismos labios los afeaba profundo costurón.° Solo los ojos persistían magníficamente bellos, grandes,   prominent scar
rasgados,° húmedos, negrísimos; pero si cabía compararlos al sol,   almond-shaped
sería al sol en el momento de iluminar una comarca° devastada y   region
esterilizada por la tormenta.

Noté que el amigo que nos acompañaba, al pasar por delante
de la condesa, se quitó el sombrero hasta los pies y saludó como
únicamente se saluda a las reinas o a las santas; y mientras dába-
mos vueltas por el paseo casi solitario, el mismo amigo me refirió
la historia o leyenda° de las cicatrices y de la perdida hermosura,   legend
bajando la voz siempre que nos acercábamos al banco° que ocu-   bench
paba la heroína del relato siguiente:

"La condesa de Serena se casó muy niña, y enviudó a los vein-
tiún años, quedándole una hija, a la cual se consagró con devo-
ción idolátrica.

La hija tenía la enfermiza constitución del padre, y la condesa
pasó años de angustia cuidando a su Irene lo mismo que a planta
delicada en invernadero. Y sucedió lo natural: Irene salió° antoja- turned out to be
diza, voluntariosa, exigente, convencida de que su capricho° y su   whim

---

1   **Hará cosa...** *about five or six years ago*
2   **Abren surco...** *they open a path before them*

43

gusto eran lo único importante en la tierra.

Desde el primer año de viudez rodearon a la condesa los pre-
tendientes,° acudiendo al cebo de una beldad espléndida y un   suitors
envidiable caudal. De la beldad podemos hablar los que la³ conocimos en todo su brillo y—¿a qué negarlo?—también suspiramos
por ella.

Para imaginarse lo que fue la cara de la condesa, hay que recordar las cabezas admirables de la Virgen, creadas por Guido
Reni:⁴ facciones muy regulares⁵ y a la vez muy expresivas, tez ni
morena ni blanca, sino como dorada por un reflejo solar; agregue usted la gallardía del cuerpo, la morbidez° de las formas, la   smoothness
riqueza del pelo y de los dientes, y esos ojos que aún pueden verse
ahora..., y comprenderá que tantos hombres de bien⁶ anduviesen
vueltos tarumba⁷ por consolar a la dama.

Perdieron, digo, perdimos el tiempo lastimosamente; ella 'se
zafó° de sus adoradores, despachando a los tercos, convirtiendo   escaped from
en amigos desinteresados a los demás, convenciendo a todos de
que ni se volvía a casar ni pensaba en otra cosa sino en su hija,
en fortalecerle la salud,° en acrecentarle la hacienda. Vimos que   health
era sincero el propósito; comprendimos que nada sacábamos en
limpio;⁸ observamos que la condesa se vestía y peinaba de cierto
modo que indica en la mujer desarme y neutralidad absoluta, y
nos conformamos con mirar a la hermosa lo mismo que se mira
un cuadro° o una estatua.   painting

Y empleo la palabra *mirar,* porque hasta las palabras lisonje-
ras° y galantes conocimos que no eran gratas a la condesa, sobre   flattering
todo desde que Irene empezó a espigar° y presumir. Quiso la mala   grow up
suerte que la hija de tan guapa señora heredase, al par que el tem-
peramento, los 'rasgos fisonómicos° de su padre, por lo cual Irene,   physical traits
en la flor de la juventud, era una mocita delgada y pálida, sin más
encantos que eso que 'suele llamarse° *belleza del diablo,* y yo com-   is usually called
paro al 'saborete del agraz.° Y la misma suerte caprichosa hizo   sour grape juice
que la condesa, acaso por efecto de la vida metódica y retirada en

---

3   Both **la** and the following **ella** refer to **beldad**.
4   **Guido Reni** (1575-1642) was an Italian Baroque painter.
5   **Facciones muy...** *well proportioned facial features*
6   **Hombres de...** *highborn, wealthy, and honorable men*
7   **Anduviesen vueltos...** *were in such a fluster*
8   **Comprendimos que...** *we realized that we couldn't undestand it*

que economizó sus fuerzas vitales, entrase en el período de treinta a treinta y cinco luciendo tan asombrosa frescura, tal plenitud
de todas sus gracias, que a su lado la chiquilla 'daba compasión.°   inspired pity

De nada servía que su madre 'la emperejilase° y se impusiese   dressed her up
a sí propia° la mayor modestia en trajes y adornos; los ojos de las   on herself
gentes se fijaban en el soberano otoño, apartándose de la primavera mustia; y en la calle, en la iglesia, en el campo, en los baños,
doquiera° que la madre y la hija apareciesen juntas, indiscretas y   wherever
francas exclamaciones humillaban a Irene en lo más delicado de
su vanidad femenil y herían a la condesa en lo más íntimo de su
ternura maternal.

Fue peor todavía cuando, llegado el momento de introducir
a Irene en lo que por antonomasia se llama *sociedad,* la condesa,
que no había de presentarse hecha la criada de su hija,[9] tuvo que
adornarse, descotarse y lucir otra vez joyas y galas.° Por más que   finery
ajustase su vestir a reglas de severidad y seriedad que nunca in-
fringía; por más que los colores obscuros, las hechuras sencillas,
la proscripción de toda coquetería picante en el tocado° dijesen   hairstyle
bien a las claras que sólo por decoro se engalanaba la condesa, lo
cierto es que el marco de riqueza y distinción duplicaba su hermosura divina, y de nuevo la asediaban los hombres, engolosi-
nados y locos. De Irene apenas si hacía caso algún muchachuelo
imberbe, y hubo ocasiones en que la madre, con piadosa astucia,
toleró las asiduidades de apuesto galán, para adquirir el derecho
de que sacase a bailar a Irene o la llevase al comedor.

Lo triste era que ya Irene, mortificada, ulcerado su 'amor propio,° se mostraba desabrida con su madre, y pasaba semanas en-   pride
teras sin hablarla. Notaba también la condesa que los párpados
de la muchacha estaban enrojecidos, y varias veces, al animarla a
que se vistiese para alguna fiesta, Irene había respondido: 'Ve tú;
yo no voy; no me divierto.' De estas señales infería la condesa que
roían a Irene la envidia y el despecho; y en vez de enojo, sentía la
madre lástima infinita. Con vida y alma se hubiese quitado—a
ser posible—aquella tez de alabastro y nácar,° aquellos ojos de sol,   mother-of-pearl
y poniéndolos en una bandeja, como los de Santa Lucía,[10] se los

---

9 **Que no...** *who couldn't show up looking like her daughter's maid*

10 **Santa Lucía** (283-304) was a wealthy Christian martyr who dedicated her virginity to God. She refused to marry, and she distributed her dowry

hubiese ofrecido a su niña, al ídolo de toda su honrada y noble existencia.

No pudiendo regalar su beldad a Irene, pensó que resolvería el conflicto buscándola novio. Satisfecha con el amor de su esposo, pudiendo ir con él a todas partes y retirada la condesa en su hogar, cesaba la tirante situación de madre e hija.

Encontrar marido para la rica Irene no era difícil, pero la condesa aspiraba a un hombre de mérito, y su instinto de madre la guió para descubrirle y para aproximarle a Irene, preparando los sucesos.° El elegido—Enrique de Acuña—era uno de los muchos admiradores y veneradores de la condesa, y puede asegurarse que influyó en él ese sentimiento que nos lleva a preferir para esposas a las hijas de las mujeres a quienes profesamos estimación altísima, y a quienes no hemos amado, pura y simplemente, porque sabemos que no se dejarían amar.[11] Persuadida la condesa de que Enrique reunía prendas no comunes de talento y corazón; viéndole tan guapo, tan digno de ser querido, tan hombre y tan caballero, en suma, trabajó con inocente diplomacia y triunfó, pues no tardaron Irene y Enrique en ser amartelados prometidos.°

Casáronse pronto y salieron a hacer el acostumbrado° viaje de luna de miel,[12] que fue un siglo de dolor para la condesa. Acostumbrada a absorber su vida en la de su hija, a existir por ella y para ella solamente, ni sabía qué hacer del tiempo, ni podía habituarse a no ver a Irene apenas despertada, a no besarla dormida. Ya se sentía enferma de nostalgia, cuando regresaron a Madrid los novios.°

La condesa notó con alegría que su yerno la demostraba 'vivo cariño,° gran deferencia y familiaridad 'como de hermano.° La consultaba todo; juntos trabajaban en el arreglo de las cuestiones de interés, y 'en broma° solía repetir Enrique que, solo por tener tal suegra, cien veces volvería a casarse con Irene Serená. La satisfacción de la condesa, 'no obstante,° duró poco, pues advirtió que, según Enrique extremaba los halagos y el afecto, Irene reincidía

outcome

engaged couple

customary

newlyweds

strong affection, like brother would

jokingly

nevertheless

---

to the poor. According to one of the legends about her life, when a suitor had praised the beauty of her eyes, she plucked them out and presented them to him on a tray with the admonition to leave her alone.

11 **No se...** *they would not allow themselves to be loved*

12 A typical honeymoon trip for a couple of this social class lasted from one to three months.

en la antigua sequedad° y dureza° y en los desplantes y murrias.   curtness, harshness
Delante de su marido conteníase, pero apenas él volvía la espalda,
ella 'daba suelta° al mal humor y a la acritud de su genio.   unleashed

Cierto día, saliendo la condesa a ver unos solares que deseaba
adquirir, encontró en la puerta a Enrique, que se ofreció a acom-
pañarla. A la mesa, por la noche, Enrique habló de la excursión,
y dijo riendo, que por poco le cuesta un lance acompañar a su
suegra,[13] pues todos la decían flores,[14] y hasta un necio la siguió,
requebrándola°...   flirting with her

'¿No sabes?' añadió Enrique, dirigiéndose a Irene. 'Tuve que
llamarle al orden al caballerito... Lo gracioso es que me tomó por
marido de tu mamá, y yo, para 'hacerle rabiar,° le dije que sí lo   infuriate him
era...'

Al oír esto, Irene se levantó de la mesa, arrojando la servilleta al suelo; corriendo salió del comedor, y la oyeron cerrar 'con
estrépito° la puerta de su cuarto. Miráronse la madre y el esposo,   noisily
y aquella mirada todo lo reveló; no necesitaron hablar. Enrique,
ceñudo,° siguió a su mujer y se encerró con ella. Al cabo de media   frowning
hora vino inmutadísimo a decir a la condesa que Irene no quería
vivir más en la casa materna; y que era tal su empeño de irse, que
si no se realizaba la separación, amenazaba con hacer *cualquier
disparate.*

'Pero tranquilícese usted,' añadió en amargo tono de recon-
centrada cólera, 'he sabido imponerme[15] y la he tratado con severidad, porque lo merece su locura.' Y como la condesa, más pálida
que un difunto, se apoyase en un mueble por no caer, exclamó
Enrique:

'¡Señora, el carácter de su hija de usted preveo que nos costará
muchas penas a todos!...'

Estas interioridades° se supieron, según costumbre, por los   family secrets
criados, que las cazaron al vuelo entre cortinas y puertas; y ellos,
los enemigos domésticos, fueron también los que divulgaron que
el día del disgusto, la señora condesa se acostó dolorida y preocu-
pada, y no se fijó en que quedaba la luz ardiendo cerca de las cor-

---

13 **Por poco...** *by accompanying his mother-in-law he nearly had to challenge someone to a duel* (i.e. to protect her honor).

14 **Le decían...** *they all paid her compliments*

15 **He sabido...** *I knew how to keep myslef under control*

tinas; de modo que, a media noche, despertó envuelta en llamas, y aunque pudo evitar la desgracia mayor de perder la vida, no evitó que la cara padeciese quemaduras terribles. Con el susto y la impresión y la asistencia, Irene olvidó su enfado, y desde aquel día vivieron en paz: el señorito Enrique, 'muy metido en sí,° la se-   very self-absorbed
ñora, cada vez más retirada del mundo, pensando solo en cuidar a los niños que le fueron naciendo a la señorita.

¿Qué opina usted de las quemaduras de la condesa?" pregun-tó al llegar aquí el narrador.

"Que esta María Coronel,[16] vale más que la otra," respondí, inclinándome° a mi vez ante la madre de Irene, la cual, sospe-   bowing
chando que hablábamos de ella, se levantó y se retiró del paseo con sus nietecillos° de la mano.   little grandchildren

---

16 Doña María Coronel was a virtuous 14th-century widow who de-stroyed her beauty by throwing boiling oil on her face to discourage the sexual advances of King Pedro I (El Cruel).

4
El talismán°   good luck charm

L A PRESENTE HISTORIA, AUNQUE verídica, no puede leer-
se a la claridad del sol. Te lo advierto, lector, no vayas a
llamarte a engaño: enciende una luz, pero no eléctrica, ni
de gas corriente, ni siquiera de petróleo, sino uno de esos simpá-
ticos velones[1] típicos, de tan graciosa traza, que apenas alumbran,
dejando en sombra la mayor parte del aposento.° O mejor aún: room
no enciendas nada; salte al jardín, y cerca del estanque, donde las
magnolias derraman° efluvios embriagadores y la luna rieles ar-   spill
gentinos,° oye el cuento de la mandrágora[2] y del barón[3] de Hely-   silvery
nagy.

ðß

Conocí a este extranjero (y no lo digo por prestar colorido
de verdad al cuento, sino porque en efecto le conocí) del modo
más sencillo y menos romancesco del mundo: me lo presentaron
en una fiesta de las muchas que dio el embajador de Austria. Era
el barón primer secretario de la embajada; pero ni el puesto que
ocupaba, ni su figura, ni su conversación, análoga a la de la mayoría de las personas que a uno le presentan, justificaban realmente
el tono misterioso y las reticentes frases con que me anunciaron
que me lo presentarían, al modo con que se anuncia algún importante suceso.°   event

---

1   A **velón** is a metal oil lamp with one or more wicks, but no chimney.

2   The mandrake is a Mediterranean herb of the nightshade family with
large oval leaves, greenish-yellow or purple flowers, and a large forked root
resembling a human body in form.

3   Titles of nobility in descending rank are: Duke and Duchess; Marquis and Marchioness; Count and Countess; Viscount and Viscountess; Baron and Baroness; Lord and Lady.

Picada mi curiosidad, me propuse observar al barón detenidamente. Parecióme fino,° con esa finura engomada de los diplo-   refined
máticos, y guapo, con la belleza algo impersonal de los hombres
de salón, muy acicalados por el 'ayuda de cámara,° el sastre y el   valet
peluquero—goma también, goma todo—. En cuanto a lo que
valiese el barón en el terreno moral e intelectual, difícil era averi-
guarlo en tan insípidas circunstancias. A la media hora de charla
volví a pensar 'para mis adentros:° "Pues no sé por que nombran   to myself
a este señor con tanto énfasis."

Apenas dio fin mi diálogo con el barón, pregunté 'a diestro y
siniestro,° y lo que 'saqué en limpio° acrecentó mi curioso interés.   right and left, ascer-
Dijéronme que el barón poseía nada menos que un talismán. Sí,   tained
un talismán verdadero: algo que, como la *piel de zapa* de Balzac,[4]
le permitía realizar todos sus deseos y 'salir airoso° en todas sus   be successful
empresas. Refiriéronme 'golpes de suerte° inexplicables, a no ser   strokes of luck
por la mágica influencia del talismán. El barón era húngaro, y
aunque se preciaba de descender de Tacsoni,[5] el glorioso caudillo
magyar,° lo cierto es que el último vástago de la familia Helynagy   Hungarian
puede decirse que vegetaba en la estrechez, confinado allá en su
vetusto solar° de la montaña. 'De improviso,° una serie de raras   ancestral home, sud-
casualidades concentró en sus manos respetable caudal: no sólo   denly
se murieron oportunamente varios parientes ricos, dejándole por
universal heredero,[6] sino que al ejecutar reparaciones[7] en el vetusto castillo de Helynagy, encontróse un tesoro en monedas y
joyas. Entonces el barón se presentó en la corte de Viena, 'según
convenía a su rango,° y allí se vieron nuevas señales de que sólo   as befitting his rank
una protección misteriosa podía dar la clave de tan extraordina-
ria suerte. Si el barón jugaba,° era seguro que se llevaba el dinero   gambled
de todas las puestas; si fijaba sus ojos en una dama, en la más inexpugnable, era cosa averiguar que la dama se ablandaría. Tres

---

4   The 1831 French novel, *La Peau de chagrin*, by Honoré de Balzac
(1799—1850) tells the story of a young man who finds in a curiosity shop a
piece of untanned leather that magically satisfies his desires, albeit at the price
of diminishing his physical energy and life force as each wish is granted.

5   Taksony of Hungary was a great tenth-century military leader.

6   **Universal heredero...** *residuary legatee* (i.e. the person named in a
will to receive the remainder of an estate after the bequests of specific items
are made).

7   **Al ejecutar...** *while carrying out repairs*

desafíos tuvo, y en los tres hirió a su adversario: la herida del último fue mortal,° cosa que. pareció advertencia del destino a los
futuros contrincantes del barón. Cuándo éste[8] sintió el capricho
de ser ambicioso, de par en par se le abrieron las puertas de la
Dieta,[9] y la secretaría de la embajada en Madrid hoy le servía únicamente de escalón para puesto más alto. Susurrábase ya que le
nombrarían ministro plenipotenciario[10] el invierno próximo.

    Si todo ello no era patraña, efectivamente° merecía la pena
de averiguar con qué talismán se obtiene tan envidiables resultados; y yo me propuse saberlo, porque siempre he profesado el
principio de que en lo fantástico y maravilloso hay que creer 'a
pie juntillas,° y el que no cree—por lo menos desde las once de la
noche hasta las cinco de la madrugada—es tuerto del cerebro, o
sea medio tonto.

    A fin de conseguir mi objeto,[11] hice todo lo contrario de lo
que suele hacerse en casos tales; procuré conversar con el barón
a menudo y en tono franco, pero no le dije nunca palabra del talismán. Hastiado probablemente de conquistas amorosas, estaba
el barón en la disposición más favorable para no pecar de fatuo[12]
y ser amigo, y nada más que amigo, de una mujer que le tratase
con amistosa franqueza. Sin embargo, por algún tiempo mi estrategia 'no surtió efecto alguno:° el barón 'no se espontaneaba,°
y hasta percibí en él, más que la insolente alegría del que tiene la
suerte en la mano, 'un dejo de° tristeza y de inquietud, una especie de negro pesimismo. Por otro lado, sus repetidas alusiones a
tiempos pasados, tiempos modestos y obscuros, y a un repentino
encumbramiento, a una deslumbradora racha de felicidad, con-
firmaban la versión que corría. El anuncio de que había sido llamado a Viena el barón y que era inminente su marcha,° me hizo
perder la esperanza de saber nada más.

    Pensaba yo en esto una tarde, cuando precisamente me anun-
ciaron al barón. Venía, sin duda, a despedirse y traía en la mano
un objeto que depositó en la mesilla más próxima. Sentóse des-

Margin glosses: fatal · indeed · steadfastly · didn't work at all, didn't · open up · a touch of · departure

---

8   **Este** refers to the baron.
9   A **Dieta** is a type of governmental assembly or parliament.
10   A **ministro plenipotenciario** holds a position second to the
ambassador.
11   **A fin de ...** *in order to achieve my goal*
12   **No pecar ...** *not let his vanity get in the way*

pués, y miró alrededor como para cerciorarse° de que estábamos   make sure
solos. Sentí una emoción profunda, porque adiviné con rapidez
intuitiva, femenil, que del talismán iba a tratarse.

"Vengo," dijo el barón, "a pedirle a usted, señora, un favor
inestimable para mí. Ya sabe usted que me llaman a mi país, y
sospecho que el viaje será corto y precipitado. Poseo un objeto...
una especie de reliquia... y temo que los azares° del viaje... En fin,   hazards
recelo que me lo roben, porque es muy codiciada, y 'el vulgo° le   the common people
atribuye virtudes asombrosas. Mi viaje se ha divulgado: es muy
posible que hasta se trame algún complot[13] para quitármela. A
usted se la confío;° guárdela usted hasta mi vuelta y la seré deudor   entrust
de verdadera gratitud."

¡De manera que aquel talismán precioso, aquel raro amuleto
estaba allí, a dos pasos, sobre un mueble, e iba a quedar entre mis
manos!

"Tenga usted por seguro que si la guardo estará bien guarda-
da," respondí con vehemencia; "pero antes de aceptar el encargo
quiero que usted me entere de lo que voy a conservar. Aunque
nunca he dirigido a usted preguntas indiscretas, sé lo que se dice,
y entiendo que, según fama, posee usted un talismán prodigioso
que le ha proporcionado° toda clase de venturas. No lo guardaré   attributed
sin saber en qué consiste y si realmente merece tanto interés."

El barón titubeó.° Vi que estaba perplejo y que vacilaba antes   hesitated
de resolverse a hablar con toda verdad y franqueza. Por último,
prevaleció la sinceridad, y no sin algún esfuerzo, dijo:

"Ha tocado usted, señora, la herida[14] de mi alma. Mi pena y
mi torcedor° constante es la duda en que vivo sobre si realmente   thorn in the side
poseo un tesoro de mágicas virtudes, o cuido supersticiosamente
un fetiche despreciable. En los hijos de este siglo, la fe en lo sobrenatural es siempre torre sin cimiento; el menor soplo de aire
'la echa por tierra.° Se me cree *feliz*, cuando realmente no soy más   knocks it down
que *afortunado*: sería feliz si estuviese completamente seguro de
que lo que ahí se encierra es, en efecto, un talismán que realiza
mis deseos y para° los golpes de la adversidad; pero este punto   stops
es el que no puedo esclarecer. ¿Qué sabré yo decir? Que siendo
muy pobre y no haciendo nadie caso de mí, una tarde pasó por

---

13   **Se trame...** *some scheme is being planned*
14   **Ha tocado...** *you have put your finger on the sore spot*

Helynagy un israelita venido de Palestina, y se empeñó en venderme eso, asegurándome que me valdría dichas sin número. Lo compré... como se compran mil chucherías inútiles... y lo eché en un cajón. Al poco tiempo empezaron a sucederme cosas que cambiaron mi suerte, pero que pueden explicarse todas... sin necesidad de milagros." Aquí el barón sonrió y su sonrisa fue contagiosa. "Todos los días," prosiguió recobrando su expresión melancólica, "estamos viendo que un hombre logra en cualquier terreno lo que no merece..., y es corriente° y usual que duelistas   commonplace
inexpertos venzan a espadachines famosos. Si yo tuviese la convicción de que existen talismanes, gozaría tranquilamente de mi prosperidad. Lo que 'me amarga,° lo que me abate, es la idea de   makes me bitter
que puedo vivir juguete de una apariencia engañosa, y que el día 'menos pensado° caerá sobre mí el sino funesto de mi estirpe y   least expected
de mi raza.[15] Vea usted cómo hacen mal los que me envidian, y cómo el tormento del miedo al porvenir compensa esas dichas tan cacareadas. Así y todo, con lo que tengo de fe me basta para rogar a usted que me guarde bien la cajita... porque la mayor desgracia de un hombre es el no ser escéptico del todo, ni creyente a machamartillo."

Esta confesión leal me explicó la tristeza que había notado en el rostro del barón. Su estado moral me pareció digno de lástima, porque en medio de las mayores venturas le mordía el alma el descreimiento, que todo lo marchita y todo lo corrompe. La victoriosa arrogancia de los hombres grandes dimanó siempre de la confianza en su estrella, y el barón de Helynagy, incapaz de creer, era incapaz asimismo para el triunfo.

Levantóse el barón, y recogiendo el objeto que había traído, desenvolvió un paño de raso negro y vi una cajita de cristal de roca con aristas y cerradura de plata. Alzada la cubierta, sobre un sudario de lienzo guarnecido de encajes, que el barón apartó delicadamente, distinguí una cosa horrible: un figurilla grotesca, negruzca, como de una cuarta de largo,[16] que representaba en pequeño el cuerpo de un hombre. Mi movimiento de repugnancia no sorprendió al barón.

---

15 **El sino...** *the ill-fated destiny of my family's lineage*
16 **Como una...** *about a quarter of a vara long.* A vara was a Spanish linear measure varying from 31 to 33 inches.

"¿Pero qué es este mamarracho?" hube de preguntarle.

"Esto," replicó el diplomático, "es una maravilla de la Naturaleza; esto no se imita ni se finge: esto es la propia raíz° de la mandrágora, tal cual se forma en el seno de la tierra. Antigua como el mundo es la superstición que atribuye a la mandrágora antropomorfa las más raras virtudes. Dicen que procede de la sangre de los ajusticiados, y que por eso, de noche, a las altas horas, se oye gemir° a la mandrágora como si en ella viviese cautiva un alma llena de desesperación. ¡Ah! Cuide usted, por Dios, de tenerla envuelta siempre en un sudario de seda o de lino: sólo así dispensa protección la mandrágora."

"¿Y usted cree todo eso?" exclamé mirando al barón fijamente.

"¡Ojalá!"° respondió en tono tan amargo que al pronto no supe replicar palabra. A poco el barón se despidió repitiendo la súplica de que tuviese el mayor cuidado, por lo que pudiera suceder, con la cajita y su contenido. Advirtióme que regresaría dentro de un mes, y entonces recobraría el depósito.

Así que cayó bajo mi custodia el talismán, ya se comprende que lo miré más despacio; y confieso que si toda la leyenda de la mandrágora me parecía una patraña grosera, una vil superstición de Oriente; no dejó de preocuparme la perfección extraña con que aquella raíz imitaba un cuerpo humano. Discurrí que sería alguna figura contrahecha,° pero la vista me desengañó, convenciéndome de que la mano del hombre no tenía parte en el fenómeno, y que el *homunculus*[17] era natural, la propia raíz según la arrancaran del terreno. Interrogué sobre el particular a personas veraces que habían residido largo tiempo en la Palestina, y me aseguraron que no es posible falsificar una mandrágora, y que así, cual la modeló la Naturaleza, la recogen y venden los pastores de los montes de Galaad y de los llanos de Jericó.

Sin duda la rareza del caso, para mí enteramente desconocido, fue lo que 'en mal hora° exaltó mi fantasía. Lo cierto es que empecé a sentir miedo, o al menos una repulsión invencible hacia el maldito talismán. Lo había guardado con mis joyas en la caja fuerte de mi propio dormitorio; y cátate que me acomete un desvelo febril, y doy en la manía de que la mandrágora dichosa,

root

moan

I hope so

fake

unfortunately

---

17 A *homunculus* is a representation of the human figure, often distorted in some manner.

cuando todo esté en silencio, va a exhalar uno de sus quejidos lúgubres, capaces de helarme la sangre en la venas. Y el ruido más insignificante me despierta temblando, y a veces, el viento que mueve los cristales y estremece las cortinas se me antoja que es la mandrágora que se queja con voces del otro mundo...

En fin, no me dejaba vivir la tal porquería, y determiné sacarla de mi cuarto y llevarla a una cristalera del salón, donde conservaba yo monedas, medallas y algunos cachivaches antiguos. Aquí está el origen de mi eterno remordimiento, del pesar que no se me quitará en la vida.[18] Porque la fatalidad° quiso que un criado nuevo, a quien tentaron las monedas que la cristalera encerraba, rompiese los vidrios, y al llevarse las monedas y los dijes, 'cargase también con° la cajita del talismán. Fue para mí terrible golpe. Avisé a la policía; la policía revolvió cielo y tierra; el ladrón pareció, sí señor, pareció; recobráronse las monedas, la cajita y el sudario... pero el talismán confesó mi hombre que lo había arrojado a un sumidero de alcantarilla, y no hubo medio de 'dar con él,° aun a costa de las investigaciones más prolijas y mejor remuneradas del mundo.

fate

he also stole

find it

&

"¿Y el barón de Helynagy?" pregunté a la dama que me había referido tan singular° suceso.

extraordinary

"Murió en un choque de trenes, cuando regresaba a España," contestó ella más pálida que de costumbre y volviendo el rostro.

"¿'De modo que° era talismán verdadero aquel...?"

So

"'¡Válgame Dios!'° repuso. "¿No quiere usted concederles nada a las casualidades°?"

Good heavens!

coincidences

---

18 **Del pesar...** *of the sorrow I'll never be free of*

5
La novia fiel° faithful

FUE SORPRESA MUY GRANDE para todo Marineda[1] el que se rompiesen la relaciones entre Germán Riaza y Amelia Sirvián. Ni la separación de un matrimonio 'da margen a° causes tantos comentarios. La gente se había acostumbrado a creer que Germán y Amelia no podían menos de casarse. Nadie se explicó el suceso,° ni siquiera el mismo novio. Sólo el confesor de Amelia event tuvo la clave del enigma.

Lo cierto es que aquellas relaciones contaban ya tan larga fecha,[2] que casi habían ascendido a institución. Diez años de noviazgo° no son grano de anís.[3] Amelia era novia de Germán desde engagement el primer baile a que asistió cuando la pusieron de largo.[4]

¡Que linda estaba en el tal baile! Vestida de blanco crespón,° crape escotada apenas lo suficiente para enseñar el arranque de los virginales hombros y del seno, que latía de emoción y placer, empolvado el rubio pelo, donde se marchitaban 'capullos de rosa.° Amelia rosebuds era, según se decía en algún grupo de señoras ya machuchas, un "cromo," "un grabado de *La Ilustración.*"[5] Germán la sacó a bailar, y cuando estrechó aquel talle que se cimbreaba y sintió la frescura de aquel hálito infantil, 'perdió la chaveta,° y en voz temblorosa, he went crazy trastornado, sin elegir frases, hizo una declaración sincerísima y

---

1 **Marineda** is the fictional counterpart of Pardo Bazán's native city of A Coruña. It is located Spain's northwestern region of Galicia.

2 **Contaba con...** *had been going on for such a long time*

3 **No son...** *is no small thing*

4 **Cuando la...** *during her society debut*

5 Periodicals of the time were illustrated with colored lithographs (cronos) and etchings (grabados). *La Ilustración* may refer to *La Ilustración Ibérica, La Ilustración Española y Americana,* or *La Ilustración Artística,* all of which featured representations of idealized femininity.

recogió un *sí* espontáneo, medio involuntario, doblemente delicioso. Se escribieron desde el día siguiente, y vino esa época de ventaneo[6] y seguimiento en la calle, que es como la alborada de semejantes amoríos. Ni los padres de Amelia, modestos° propietarios, ni los de Germán, comerciantes 'de regular caudal,° pero de numerosa prole, se opusieron a la inclinación de los chicos, 'dando por supuesto° desde el primer instante que aquello pararía en justas nupcias así que Germán acabase 'la carrera de Derecho° y pudiese sostener la carga de una familia.

    Los seis primeros años fueron encantadores. Germán pasaba los inviernos en Compostela, cursando en la Universidad y escribiendo largas y tiernas epístolas; entre leerlas, releerlas, contestarlas y ansiar que llegasen las vacaciones, el tiempo se deslizaba insensible para Amelia. Las vacaciones eran grato paréntesis, y todo el tiempo que durasen ya sabía Amelia que se lo dedicaría íntegro su novio. Este[7] no entraba aún en la casa, pero acompañaba a Amelia en el paseo, y de noche se hablaban, a la luz de la luna, por una galería con vistas al mar. La ausencia, interrumpida por frecuentes regresos, era casi un aliciente, un encanto más, un interés continuo, algo que llenaba la existencia de Amelia sin dejar cabida a[8] la tristeza ni al tedio.

    Así que Germán tuvo en el bolsillo 'su título de licenciado en Derecho,° resolvió pasar a Madrid a cursar las asignaturas del doctorado, ¡Año de prueba para la novia! Germán apenas escribía: billetes garrapateados 'al vuelo,° quizá sobre la mesa de un café, concisos, insulsos, sin jugo de ternura. Y las amiguitas caritativas que veían a Amelia ojerosa, preocupada, alejada de las distracciones, la decían con perfidia burlona: "Anda, tonta; diviértete... ¡Sabe Dios lo que él estará haciendo por allá! ¡Bien inocente serías si creyeses que no 'te la pega!°... A mí me escribe mi primo Lorenzo que vio a Germán muy animado en el teatro con *unas*..."

    El gozo de la vuelta de Germán compensó estos sinsabores. A los dos días ya no se acordaba Amelia de lo sufrido, de sus dudas, de sus sospechas. Autorizado para frecuentar la casa de su no-

Marginal glosses: of moderate means · fairly well-off · assuming · legal studies · law degree · very quickly · cheating on you

---

6 **Ventaneo...** *flirting and conversing from windows*
7 **Este** refers to Germán.
8 **Sin dejar...** *without leaving room for*

via, Germán asistía todas las noches a la tertulia[9] familiar, y en la penumbra del rincón del piano, lejos del quinqué velado por la sedosa pantalla, los novios sostenían interminable diálogo, buscándose de tiempo en tiempo las manos para trocar una furtiva presión, y siempre los ojos para beberse la mirada hasta el fondo de las pupilas.

Nunca había sido tan feliz Amelia. ¿Qué podía desear? Germán estaba allí, y la boda era asunto concertado, resuelto, aplazado sólo por la necesidad de que Germán encontrase una posioncita,° una base para establecerse: una fiscalía, por ejemplo. Como transcurriese un año más y la posición no se hubiese encontrado aún, decidió Germán abrir bufete[10] y mezclarse en la politiquilla local, a ver si así iba adquiriendo favor y conseguía el ansiado puesto. Los nuevos quehaceres le obligaron a no ver a Amelia ni tanto tiempo ni tan a menudo. Cuando la muchacha se lamentaba de esto, Germán se vindicaba plenamente; había que pensar en el porvenir;° ya sabía Amelia que un día u otro se casarían, y no debía fijarse en menudencias, en remilgos propios de los que empiezan a quererse.[11] En efecto, Germán continuaba con el firme propósito de casarse así que se lo permitiesen las circunstancias.

Al noveno año de relaciones notaron los padres de Amelia (y acabó por notado todo el mundo) que el carácter de la muchacha parecía completamente variado. En vez de la sana alegría y la 'igualdad de humor° que la adornaban, mostrábase llena de rarezas y caprichos, ya riendo a carcajadas,° ya encerrada en hosco silencio. Su salud se alteró también; advertía desgana invencible, insomnios crueles que la obligaban a pasarse la noche levantada, porque decía que la cama, con el desvelo, le parecía su sepulcro;° además, sufría aflicciones al corazón y ataques nerviosos. Cuando la preguntaban en qué consistía su mal, contestaba lacónicamente: "No lo sé." Y era cierto; pero al fin lo supo, y el saberlo la hizo mayor daño.

¿Qué mínimos indicios; qué insensibles, pero eslabonados,

modest position

future

even temper
boisterous laughter

tomb

---

9 A **tertulia** is a social gathering that occurs at regular intervals and usually is frequented by the same people.

10 **Abrir bufete...** *to set up private practice*

11 **Los que...** *those who start to think only of themselves*

hechos; qué inexplicables revelaciones, emanadas de 'cuanto nos rodea,° hacen que sin averiguar nada nuevo ni concreto, sin que nadie la entere con precisión impúdica, la ayer ignorante donce-lla entienda 'de pronto° y se rasgue ante sus ojos el velo de Isis?[12] Amelia, súbitamente, comprendió. Su mal no era sino deseo, ansia, prisa, necesidad de casarse. ¡Qué vergüenza,° qué sonro-jo, qué dolor y qué desilusión si Germán llegaba a sospecharlo siquiera! ¡Ah! Primero morir. ¡Disimular, disimular a toda costa, y que ni el novio, ni los padres, ni la tierra, lo supiesen!

    Al ver a Germán tan pacífico, tan aplomado, tan armado de paciencia; engruesando, mientras ella 'se consumía;° chancero, mientras ella 'empapaba la almohada° en lágrimas. Amelia se acusaba a sí propia, admirando la serenidad, la cordura, la virtud de su novio. Y para contenerse y no echarse sollozando en sus brazos; para no cometer la locura indigna° de salir una tarde sola e irse a casa de Germán, necesitó Amelia todo su valor, todo su recato, todo el freno de las nociones de honor y honestidad° que la inculcaron desde la niñez.

    Un día..., sin saber cómo, sin que ningún suceso extraordina-rio, ninguna conversación sorprendida 'la ilustrase,° acabaron de rasgarse los últimos cendales del velo... Amelia veía la luz; en su alma relampagueaba la terrible noción de la realidad; y al acor-darse de que poco antes admiraba la resignación de Germán y envidiaba su paciencia, y al explicarse ahora la verdadera causa de esa paciencia y esa resignación incomparables..., una carcajada sardónica dilató sus labios, mientras en su garganta creía sentir un 'nudo corredizo° que se apretaba poco a poco y la estrangu-laba. La convulsión fue horrible, larga, tenaz; y apenas Amelia, destrozada, pudo reaccionar, reponerse, hablar..., rogó a sus cons-ternados padres que advirtiesen a Germán que las relaciones que-daban rotas. Cartas del novio, súplicas, paternales consejos, todo fue en vano: Amelia se aferró a su resolución, y en ella[13] persistió, sin dar razones ni excusas.

    "Hija, en mi entender, hizo usted muy mal," la decía el Padre

Margin glosses:

- all that's around us
- suddenly
- shame
- was wasting away
- soaked the pillow
- unworthy of her
- decency
- enlightened her
- slip knot

---

    12 **Se rasgue...** *Isis's veil tore before her eyes.* Isis was an ancient Egyptian goddess. Beneath the veil covering her face were hidden all the mysteries and knowledge of the past.

    13 **Ella** refers to **resolución.**

Incienso, viéndola bañada en lágrimas al pie del confesionario. "Un chico formal,° laborioso, dispuesto a casarse, no se encuentra serious and reliable por ahí fácilmente. Hasta el aguardar a tener posición para fundar familia lo encuentro loable en él. 'En cuanto a lo demás°..., a esas as for the rest of it figuraciones de usted... Los hombres..., por desgracia... Mientras está soltero habrá tenido esos entretenimientos... Pero usted..."

"¡Padre," exclamó la joven, "créame usted, pues aquí hablo con Dios! ¡Le quería..., le quiero..., y 'por lo mismo°..., por lo mismo, for that very reason padre! ¡Si no le dejo..., le imito! ¡Yo también...!"

6

Afra

L A PRIMERA VEZ QUE asistí al teatro de Marineda[1]—cuando me destinaron con mi regimiento a la guarnición de esta bonita capital de provincia—recuerdo que asesté los gemelos° a la triple hilera de palcos para enterarme bien del mujerío y las esperanzas que en él[2] podía cifrar un muchacho 'de veinticinco años no cabales.° — binoculars / under 25 years old

Gozan las marinedinas fama de hermosas, y vi que no usurpaba. Observé también que su belleza consiste, principalmente, en el color. Blancas (por obra de naturaleza, no del perfumista), de bermejos labios, de floridas mejillas y mórbidas° carnes, las marinedinas me parecieron una guirnalda° de rosas tendida sobre un barandal de terciopelo° oscuro. De pronto, en el cristal de los anteojos que yo paseaba lentamente por la susodicha° guirnalda, se encuadró un rostro que me fijó los gemelos en la dirección que entonces tenían. Y no es que aquel rostro sobrepujase en hermosura a los demás, sino que se diferenciaba de todos por la expresión y el carácter. — soft and smooth / garland / velvet / aforementioned

En vez de una fresca encarnadura[3] y un plácido y picaresco° gesto,° vi un rostro descolorido, de líneas enérgicas, de ojos verdes, coronados por cejas° negrísimas, casi juntas, que les prestaban una severidad singular; de nariz delicada y bien diseñada, pero de alas° movibles, reveladoras de la pasión vehemente; una cara 'de corte severo,° casi viril, que coronaba un casco de trenzas 'de un negro de tinta;° pesada cabellera que debía de absorber los — mischievous, expression / eyebrows / nostrils / chiseled / as black as ink

---

1 **Marineda** is the fictional counterpart of the port city of A Coruña, where Pardo Bazán was born. It is located in Spain's northwestern region of Galicia.

2 **Él** refers to **mujerío**.

3 **Encarnadura** (sic.) is used here to mean pink flesh.

61

jugos vitales y causar daño a su poseedora... Aquella fisonomía, sin dejar de atraer, alarmaba, pues era de las que dicen 'a las claras° desde el primer momento a quien las contempla: "'Soy una voluntad.° Puedo torcerme, pero no quebrantarme. Debajo del elegante maniquí femenino escondo el acerado resorte de un alma."   *openly*   *I am strong-willed*

He dicho que mis gemelos se detuvieron, posándose ávidamente en la señorita pálida del pelo abundoso. Aprovechando los movimientos que hacía para conversar con unas señoras que la acompañaban, detallé su perfil, su acentuada barbilla, su cuello delgado y largo, que parecía doblarse al peso del voluminoso rodete; su oreja menuda y apretada, como para no perder sonido. Cuando hube permanecido así un buen rato, llamando sin duda la atención por mi insistencia en considerar a aquella mujer, sentí que me daban un golpecito en el hombro, y oí que me decía mi 'compañero de armas,° Alberto Castro: *comrade-in-arms*

"¡Cuidadito!"°   *Be careful!*

"Cuidadito, ¿por qué?" respondí, bajando los anteojos.

"Porque te veo en peligro de enamorarte de Afra Reyes, y si está de Dios que 'ha de suceder,° al menos no será sin que yo te avise y te entere de su historia. Es un servicio que los hijos de Marineda debemos a los forasteros."[4]   *it has to happen*

"Pero ¿tiene historia?"[5] murmuré, haciendo un movimiento de repugnancia; porque aun sin amar a una mujer, me gusta su pureza, como agrada el aseo° de casas donde no pensamos vivir nunca.   *cleanliness*

"En el sentido° que se suele dar a la palabra historia, Afra no la tiene... Al contrario, es de las muchachas más formales° y menos coquetas que se encuentran por ahí. Nadie se puede alabar de que Afra le devuelva una miradita, o le diga una palabra de esas que dan ánimos. Y si no, haz la prueba:[6] dedícate a ella; mírala más; ni siquiera se dignará volver la cabeza. Te aseguro que he visto a muchos que anduvieron locos y no pudieron conseguir ni una ojeada° de Afra Reyes."   *meaning*   *proper*   *glance*

"Pues entonces... ¿que? ¿Tiene algo... en secreto? ¿Algo que

---

4   A **forastero** is someone from the same country, but from a different region.

5   **Historia** here means something immoral or shady in her past.

6   **Y si...** *and if you don't believe me, put her to the test*

manche su honra?"

"Su honra, o si se quiere, su pureza..., repito que ni tiene ni tuvo.[7] Afra en cuanto a eso..., como el cristal. Lo que hay te lo diré..., pero no aquí; cuando se acabe el teatro saldremos juntos, y allá por el Espolón, donde nadie se entere... Porque se trata de cosas graves..., de mayor cuantía."[8]

Esperé con la menor impaciencia posible a que terminasen de cantar *La bruja*,[9] y así que cayó el telón.° Alberto y yo nos dirigimos de bracero hacia los muelles. La soledad era completa, a pesar de que la noche tibia convidaba a pasear, y la luna plateaba las aguas de la bahía, tranquila 'a la sazón° como una balsa de aceite y misteriosamente blanca a lo lejos.

"No creas," dijo Alberto, "que te he traído aquí sólo para que no me oyese nadie contarte la historia de Afra. También es que me pareció bonito referirla en el mismo escenario del drama que esta historia encierra. ¿Ves este mar tan apacible, tan dormido, que produce ese rumor° blando y sedoso contra la pared del malecón? ¡Pues sólo este mar... y Dios, que lo ha hecho, pueden alabarse de conocer la verdad entera respecto a la mujer que te ha llamado la atención en el teatro! Los demás la juzgamos por meras conjeturas..., ¡y tal vez calumniamos° al conjeturar! Pero hay tan fatales coincidencias, hay apariencias tan acusadoras en el mundo..., que no podría disiparla sino la voz del mismo Dios, que ve los corazones y sabe distinguir al inocente del culpado.

Afra Reyes es hija de un acaudalado comerciante; se educó algún tiempo en un colegio inglés, pero su padre tuvo quiebras° y por disminuir gastos recogió a la chica, interrumpiendo su educación. Con todo, el barniz de Inglaterra se le conocía: traía ciertos gustos de independencia y mucha afición a los ejercicios corporales. Cuando llegó la época de los baños no se habló en el pueblo sino de su destreza y vigor para nadar: una cosa sorprendente.

Afra era amiga íntima, inseparable, de otra señorita de aquí,

theater curtain

at that time

murmur

we are slandering

financial losses

---

7 The direct object of the verb tener is the phrase from the previous sentence: **algo que manche**.

8 **Cosas graves...** *serious matters of the utmost importance*

9 *La bruja* is a three-act zarzuela (light opera) by composer Ruperto Chapi that premiered in Madrid in 1887.

Flora Castillo; la intimidad de las dos muchachas continuaba la de sus familias. Se pasaban el día juntas; no salía la una si no la acompañaba la otra; vestían igual y se enseñaban, riendo, las cartas amorosas que las escribían. No tenían novio, ni siquiera demostraban predilección por nadie. Vino del Departamento cierto marino° muy simpático, de hermosa presencia, primo de Flora, y empezó a decirse que el marino hacía la corte a Afra, y que Afra 'le correspondía° con entusiasmo. Y lo notamos todos: los ojos de Afra no se apartaban del galán, y al hablarle, la emoción profunda se conocía hasta en el anhelo de la respiración y en lo velado de la voz. Cuando a los pocos meses se supo que el consabido° marino realmente venía a casarse con Flora, se armó un caramillo de murmuraciones y chismes[10] y se presumió que las dos amigas reñirían para siempre. No fue así: aunque desmejorada y triste, Afra parecía resignada, y acompañaba a Flora de tienda en tienda a escoger ropas y galas para la boda. Esto sucedía en agosto.

    En septiembre, poco antes de la fecha señalada para el enlace, las dos amigas fueron, como de costumbre, a bañarse juntas allí..., ¿no ves?, en la playita de San Wintila, donde suele haber 'mar brava.° Generalmente las acompañaba el novio, pero aquél día sin duda tenía que hacer,[11] pues no las acompañó.

    Amagaba tormenta; la mar estaba picadísima; las gaviotas° chillaban lúgubremente, y la criada que custodiaba las ropas y ayudaba a vestirse a las señoritas refirió después que Flora, la rubia y tímida Flora, sintió miedo al ver el aspecto amenazador de las grandes olas° verdes que rompían contra el arenal. Pero Afra, intrépida, ceñido ya su traje marinero, de sarga azul oscura, animó con chanzas a su amiga. Metiéronse mar adentro cogidas de la mano, y pronto se las vió nadar, agarradas también, envueltas en la espuma del oleaje.

    Poco más de un cuarto de hora después salió a la playa Afra sola, desgreñada, ronca, lívida, gritando, pidiendo socorro, sollozando que a Flora la había arrastrado el mar...

    Y tan de verdad la había arrastrado, que de la linda rubia sólo reapareció al otro día[12] un cadaver desfigurado, herido en la fren-

---

10 **Se armó...** *malicious gossip and rumors were spread*
11 **Tenía que...** *he had something to do*
12 **Al otro...** *on the following day*

te... El relato que de la desgracia hizo Afra entre gemidos y desmayos fue que Flora, rendida de nadar y sin fuerzas gritó: '¡'Me ahogo°!'; que ella, Afra, al oírlo, se lanzó a sostenerla y salvarla; que Flora, 'al forcejear° para no irse a fondo, se llevaba a Afra al abismo; pero que, aun así, hubiesen logrado quizá salir a tierra si la fatalidad no las empuja hacia un transatlántico° fondeado en la bahía desde por la mañana. Al chocar con la quilla,[13] Flora se hizo la herida horrible, y Afra recibió también los arañazos y magulladuras que se notaban en sus manos y rostro..."

    "¿Que si creo que Afra...?"

    "Sólo añadiré que al marino, novio de Flora, no volvió a vérsele por aquí;[14] y Afra, desde entonces, no ha sonreído nunca...

    Por lo demás, acuérdate de lo que dice la Sabiduría: el corazón del hombre..., selva° oscura. ¡Figúrate el de la mujer!.'"

I'm drowning

struggling

ocean liner

jungle

---

13 The keel is a large beam, running in the middle of the ship from the bow to the stern, around which the hull of a ship is built.

14 **No volvió**... *was never seen around here again*

7
La caja de oro

SIEMPRE LA HABÍA VISTO sobre su mesa, 'al alcance° de su mano bonita, que a veces se entretenía en acariciar la tapa suavemente; pero no me era posible averiguar lo que encerraba aquella caja de filigrana¹ de oro con esmaltes finísimos, porque apenas intentaba apoderarme del juguete, su dueña lo escondía precipitada y nerviosamente en los bolsillos de la bata,° o en lugares todavía más recónditos, dentro del seno, haciéndola así inaccesible.

Y cuanto más la ocultaba su dueña, mayor era mi afán° por enterarme de lo que la caja contenía. ¡Misterio irritante y tentador! ¿Qué guardaba el artístico chirimbolo? ¿Bombones? ¿Polvos de arroz? ¿Esencias? Si encerraba alguna de estas cosas tan inofensivas, ¿a qué venía la ocultación? ¿Encubría un retrato, una flor seca, pelo? Imposible: tales prendas, o se llevan mucho más cerca, o se custodian mucho más lejos: o descansan sobre el corazón o se archivan en un *secrétaire*° bien cerrado, bien seguro... No eran despojos de amorosa historia los que dormían en la cajita de oro, esmaltada de azules quimeras², fantásticas rosas y volutas de verde ojiacanto.

Califiquen como gusten mi conducta los incapaces de seguir la pista a una historia, tal vez a una novela. Llámenme enhorabuena indiscreto, antojadizo y, por contera, entremetido y fisgón impertinente. Lo cierto es que la cajita 'me volvía tarumba,° y agotados los medios legales, 'puse en juego° los ilícitos, y heroicos... Mostréme perdidamente enamorado de la dueña, cuando

within reach

dressing gown

eagerness

small writing desk

rattled me
put into play

---

1 Filigree work consists of twisted threads of precious metal to suggest a lace pattern.

2 In Greek mythology a chimera was a monstrous creature composed of the parts of multiple animals.

sólo lo estaba de la cajita de oro; cortejé en apariencia a una mujer, cuando sólo cortejaba a un secreto; hice como si persiguiese la dicha... cuando sólo perseguía la satisfacción de la curiosidad. Y la suerte, que acaso me negaría la victoria si la victoria realmente me importase, me la concedió..., 'por lo mismo° que al concedérmela 'me echaba encima un remordimiento.°

°for that very reason
°I felt remorse

No obstante, después de mi triunfo, la que ya me entregaba cuanto entrega la voluntad rendida, defendía aún, con invencible obstinación, el misterio de la cajita de oro. Desplegando zalameras° coqueterías o repentinas y melancólicas reservas; discutiendo o bromeando, apurando los ardides de la ternura o las amenazas del desamor, suplicante o enojado, nada obtuve; la dueña de la caja persistió en negarse a que me enterase de su contenido, como si dentro del lindo objeto existiese la prueba de algún crimen.

°flattering

Repugnábame emplear la fuerza y proceder como procedería un patán, y además, exaltado ya mi amor propio ('a falta de° otra exaltación más dulce y profunda), quise deber al cariño y sólo al cariño de la hermosa la clave del enigma. Insistí, me sobrepujé a mí mismo, desplegué todos los recursos, y como el artista que cultiva por medio de las reglas la inspiración, llegué a tal grado de maestría en la comedia° del sentimiento, que logré arrebatar al auditorio. Un día en que algunas fingidas lágrimas acreditaron mis celos, mi persuasión de que la cajita encerraba la imagen de un rival, de alguien que aún me disputaba el alma de aquella mujer, la vi demudarse, temblar, palidecer, echarme al cuello los brazos y exclamar, por fin, con sinceridad que me avergonzó:

°for lack of

°sham

"¡Qué no haría yo por ti! Lo has querido.... pues sea. Ahora mismo, verás lo que hay en la caja."

Apretó un resorte; la tapa de la caja se alzó y divisé en el fondo unas cuantas bolitas 'tamañas como° guisantes, blanquecinas, secas. Miré sin comprender, y ella, reprimiendo un gemido, dijo solemnemente:

°as big as

"Esas píldoras me las vendió un curandero[3] que realizaba curas casi milagrosas en la gente de mi aldea.° Se las pagué muy caras, y me aseguró que, tomando una al sentirme enferma, tengo

°village

---

3 **Curanderos** are folk healers who use herbal medicines and spiritual or supernatural cures for illnesses.

asegurada la vida. Sólo me advirtió que si las apartaba de mí o las enseñaba a alguien, perdían su virtud.° Será superstición o lo que quieras: lo cierto es que he seguido la prescripción del curandero, y no sólo se me quitaron achaques que padecía (pues soy muy débil), sino que he gozado salud envidiable. Te empeñaste en averiguar... Lo conseguiste... Para mí vales tú más que la salud y que la vida. Ya no tengo panacea; ya mi remedio° ha perdido su eficacia; sírveme de remedio tú; quiéreme mucho, y viviré."

power

medicine

Quedéme frío. Logrado mi empeño, no encontraba dentro de la cajita sino el desencanto de una superchería y 'el cargo de conciencia° del daño causado a la persona que, al fin, me amaba. Mi curiosidad, como todas las curiosidades, desde la fatal del Paraíso[4] hasta la no menos funesta de la ciencia contemporánea, llevaba en sí misma su castigo y su maldición. Daría entonces algo bueno por no haber puesto en la cajita los ojos. Y tan arrepentido que me creí enamorado; cayendo de rodillas a los pies de la mujer que sollozaba, tartamudeé:

sense of guilt

"No tengas miedo... Todo eso es una farsa, un indigno embuste... El curandero mintió... Vivirás, vivirás mil años... Y aunque hubiesen perdido su virtud las píldoras, ¿qué?° Nos vamos a la aldea, y compramos otras... Todo mi capital le doy al curandero por ellas."

so what?

Me estrechó, y sonriendo en medio de su angustia, balbuceó a mi oído:

"El curandero ha muerto."

Desde entonces, la dueña de la cajita—que ya no la ocultaba ni la miraba siquiera, dejándola cubrirse de polvo en un rincón de la estantería forrada de felpa azul—empezó a decaer, a consumirse, presentando todos los síntomas de una enfermedad de languidez, refractaria a los remedios.[5] Cualquiera que no me tenga por un monstruo supondrá que me instalé a su cabecera y la cuidé con caridad y abnegación. Caridad y abnegación digo, porque otra cosa no había en mí para aquella criatura de quien había sido verdugo° involuntario. Ella se moría, quizá de pasión de ánimo, quizá de aprensión, pero por mi culpa; y yo no podía ofrecerla, en desquite de la vida que le había robado, lo que todo

executioner

---

4 **Paraíso** here refers to the Garden of Eden.
5 **Refractaria a...** *resistant to treatment*

lo compensa: el don° de mí mismo, incondicional, absoluto. In- gift
tenté engañarla santamente para hacerla dichosa, y ella, con tardía lucidez, adivinó mi indiferencia y mi disimulado tedio, y cada
vez se inclinó más hacia el sepulcro.

Y al fin cayó en él,[6] sin que ni los recursos de la ciencia ni
mis cuidados consiguiesen salvarla. De cuantas memorias quiso
legarme su afecto, sólo recogí la caja de oro. Aún contenía las
famosas píldoras, y cierto día se me ocurrió que las analizase un
químico amigo mío, pues todavía no se daba por satisfecha mi
maldita curiosidad. Al preguntar el resultado del análisis, el químico 'se echó a reír.° began to laugh

"Ya podía usted figurarse," dijo, "que las píldoras eran de miga
de pan. El curandero (¡si sería listo!) mandó que no las viese nadie…, para que a nadie se le ocurriese analizarlas. ¡El maldito análisis lo seca todo!"

---

6 **Él** refers to **tumba**.

8

¿Justicia?

SIN SER FILÓSOFO NI sabio, con sólo la viveza del natural discurso, Pablo Roldán había llegado a formarse en muchas cuestiones° un criterio extraño e independiente; no digo que superior, porque no pienso que lo sea, pero al menos distinto del de la generalidad° de los mortales. En todo tiempo habían existido estas divergencias entre el modo de pensar colectivo y el de algunos individuos innovadores o retrógrados con exceso, pues tanto nos separamos de nuestra época por adelantarnos como por rezagarnos.

    Uno de los problemas que Pablo Roldán consideraba de modo original y hasta chocante,° era el de la infidelidad de la esposa. Es de advertir que Pablo Roldán estaba casado, y con dama tan principal, moza, hermosa y elegante, que se llevaba los ojos y quizá el corazón de cuantos la veían. Un tesoro así debiera hacer vigilante[1] a su guardador; pero Pablo Roldán, no solo alardeaba de confianza ciega, rayana° en descuido, sino que declaraba que la vigilancia le parecía inútil, porque no juzgándose *propietario* de su bella mitad,[2] no se creía en el caso de guardarla como se guarda una viña, un huerto o una caja de valores. "Una mujer," decía, sonriendo, Pablo, "se diferencia de un fruta y de un rollo de billetes de Banco en que tiene conciencia y lengua. A nadie se le ha ocurrido hacer responsable a la pavía° si un ratero la hurta° y se la come. La mujer es capaz y responsable, y vean cómo realmente, pareciendo tan bonachón,° soy más rígido que ustedes, los celosos extremeños.[3] La mujer es responsable, culpable...,

matters

majority

shocking

bordering

peach
steals
easygoing

---

  1 **Vigilante...** *carefully observant for possible danger*
  2 **Bella mitad...** *better half* (i.e. his wife).
  3 "El celoso extremeño" is one of Miguel de Cervantes's *Novelas Ejem-plares*. It tells the story of an excessively jealous old man who locks up his

entendámonos: cuando engaña. Claro que la mía, moralmente, no conseguirá nunca engañarme, porque yo sería la flor de los imbéciles[4] si, al acercarme a ella, no comprendiese la impresión que la produzco, si me ama, o la soy indiferente, o 'no me puede sufrir.° Del estado de su alma no necesitará mi esposa darme   she can't stand me
cuenta: yo adivinaré... ¡No faltaría más! Y al adivinar, tan cierto como que me llamo Pablo Roldán y me tengo por hombre de honor, consideraré roto el lazo° que la sujeta a mí, y no haré al 'Crea-   cord
dor de las almas° la ofensa de violentar un alma esencialmente   God
igual a la mía... Desde el día en que no me quiera, mi mujer será *interiormente* libre como el aire. Sin embargo—pues el nudo legal es indisoluble y la equivocación mutua—le advertiré que queda obligada a salvar las apariencias, a tener muy en cuenta[5] la exterioridad, a no hacerme blanco° de la burla; y yo, por mi parte,   the target
me creeré en el deber de seguir amparándola, de escudarla contra el menosprecio. ¡Bah! Amigo mío, esto es hablar por hablar; Felicia parece que aún no me ha perdido el cariño... Son teorías, y ya sabe usted que, llegado el caso práctico,[6] raro es el hombre que las aplica rigurosamente."

No platicaba así Roldán sino con los pocos que tenía por verdaderos amigos y hombres de corazón y de entendimiento; con los demás, creía él que no se debían conferir puntos tan delicados. Al parecer, el sistema amplio y generoso de Pablo daba resultados excelentes: el matrimonio° vivía unido, respetado, contento. No   married couple
obstante, yo, que lo observaba sin cesar, atraído por aquel experimento curioso, empecé a notar, transcurridos algunos años— poco después de que la mujer de Pablo entró en el período de esplendor de la belleza femenina, 'los treinta°—ciertos sínto-   the thirties
mas que me inquietaron un poco. Pablo andaba a veces triste y meditabundo;° tenía días de murria, momentos de distracción   pensive
y ausencia, aunque se rehacía luego y volvía a su acostumbrada ecuanimidad. 'En cambio,° su mujer demostraba una alegría y   on the other hand
animación exageradas y febriles, y se entregaba más que nunca al

---

beautiful young wife in their home in order to keep her from coming into contact with other men.

4 **La flor...** *the biggest idiot of all*
5 **Tener muy...** *to keep very much in mind*
6 **El caso...** *the case of theories put into practice*

mundo y a las fiestas. Seguían yendo siempre juntos; las buenas
costumbres conyugales no se habían alterado 'en lo más mínimo;°   in the least
pero yo, que tampoco soy la flor de los imbéciles, no podía dudar
que existía en aquella pareja, antes venturosa, algún desajuste, alguna grieta° oculta, algo que alteraba su contextura íntima. Para   crack
la gente, el matrimonio Roldán se mantenía inalterable; para mí.
el matrimonio Roldán se había disuelto.

'Por aquel entonces° se anunció la boda de cierta opulenta   at that time
señorita, y los padres convidaron a sus relaciones° a examinar   social acquaintances
las *vistas*° y ricos regalos que formaban la canastilla de la novia.   trousseau
Encontrábame entrenido en admirar un largo hilo de perlas, ob-
sequio del novio, cuando vi entrar a Pablo Roldán y a su mujer.
Acercáronse a la mesa cargada de preseas magníficas, y la gente,
agolpada, les abrió paso difícilmente. La señora de Roldán se ex-
tasió con el hilo de perlas: ¡qué iguales!, ¡qué gruesas!, ¡qué orien-
te° tan nacarado y tan puro! Mientras expresaba su admiración   luster
hacia la joya, noté...—¿quién explicaría por qué me fijaba ansio-
samente en los movimientos de la mujer de Pablo?—noté, digo,
que se deslizaba hacia ella, como para compartir su admiración,
Dámaso Vargas Padilla, mozo más conocido por calaveradas° y   reckless actions
despilfarros que por obras de caridad, y hube de ver que sobre
el color avellana del guante de Suecia de la dama relucía un ob-
jetito blanco, inmediatamente trasladado a los dominios de un
guante rojizo del Tirol[7]... y sentí el mismo estremecimiento que
si de cosa propia se tratase, al cerciorarme de que Pablo Roldán,
demudado y con el rostro color de muerto, había visto como yo,
y sorprendido, como yo, el paso del billete de manos de su mujer
a manos de Vargas.

Temí que se arrojase sobre los que así le escarnecían en público. No se arrojó; no dio la más leve muestra de cólera o pesadumbre. Al contrario, siguió curioseando y alabando las galas bonitas,
revolviendo y mezclando los objetos colocados más cerca, dete-
niéndose y obligando a su mujer a que se detuviese y reparase el
mérito de cada uno. Tan despacio procedió a este examen, que
la gente fue retirándose poco a poco, y ya no quedamos en el gabinete sino media docena de personas. Y cuando me disponía a
cruzar la puerta, en una ojeada que lancé al descuido, volví a ver

---

7 Located in Austria, **Tirol** is known for its high-quality leather goods.

algo que me hizo el efecto de la espantable cabeza de Medusa,[8] paralizándome de horror, dejándome sin voz, sin discurso, sin aliento... Pablo Roldán había deslizado rápidamente en el bolsillo de su chaleco el hilo de perlas, y salía tranquilo, alta la frente, bromeando con su esposa, elogiando un cuadro en el cual logró concentrar toda la atención de los circunstantes.

Desde el día siguiente empezó a murmurarse sobre el tema del robo, primero en voz baja, después con escandalosa publicidad. Hubo periódicos que lo insinuaron: el '*tole tole*° fue horrible. °public outcry Las muchas personas distinguidas que habían admirado las galas de la novia clamaban al cielo y mostraban, naturalmente, deseo furioso de que se descubriese al ladrón. Se calumnió a varios inocentes, y el rencor buscó medios de herir, devolviendo la flecha. Todos respiraron, por fin, al saber que el juez—avisado por una delación anónima—'acababa de registrar° la casa de Pablo, en- °had just searched contrando el hilo de perlas en un armario del tocador de la señora de Roldán.

Sólo yo comprendía la tremenda venganza.° Sólo yo logré pe- °revenge netrar el siniestro enigma, sin clave para la propia señora, que no anda lejos de expiar con años de presidio el delito que no cometió. Y un día que encontré a Pablo y le abrí mi alma y le confesé mis perplejidades, mis dudas respecto a si debía o no revelar la verdad, puesto que la conocía, Pablo me respondió, con lágrimas de rabia al borde de los lagrimales:

"No intervengas. ¡Paso a la justicia, paso!... Dejó de amarme, y no me creí con derecho ni a la queja; quiso a otro, y únicamente la rogué que no me entregase a la risa del mundo... ¡Ya sabes cómo atendió a mi ruego... ya lo sabes! Antes que consiguiese ridiculizarme, la infamé. ¡Los medios fueron malos, pero... se lo tenía advertido! Si tú eres de los que creen que la venganza pertenece a Dios, apártate de mí, porque no nos entendemos. Amor, odio, y venganza..., ¿dónde habrá nada más humano?"

Me desvié de Pablo Roldán y no quiero volver a verle. No sé juzgarle; tan pronto le compadezco como me inspira horror.

---

8 According to Greek mythology, anyone who looked at Medusa (a female monster) was turned to stone.

9
Sustitución

NO HAY NADIE QUE no se haya visto en el caso de tener que dar,[1] con suma precaución y en la forma que menos duela, una mala noticia. A mí me encomendaron por primera vez esta desagradable tarea cuando falleció repentinamente° la viuda de Lasmarcas, única hermana de don Ambrosio Corchado.   suddenly

Yo no conocía a don Ambrosio; en cambio, era uno de los tres o cuatro amigos fieles del difunto Lasmarcas, y que visitaban con asiduidad a su viuda, recibiendo siempre acogida° franca y cariñosa. Las noches de invierno nos servía de asilo la salita de la señora, donde ardía un brasero 'bien pasado,° y las dobles cortinas y las recias maderas no dejaban penetrar ni corrientes de aire ni el ruido de la lluvia. Instalado cada cual en el asiento y en el rincón que prefería, charlábamos animadamente hasta la hora de un té modesto y fino, con galletas y bollos hechos en casa, tal vez por razones de economía.   a welcome / antiquated

Nos 'sabía a gloria° el té casero, y concluíamos la velada satisfechos y en paz, porque la viuda de Lasmarcas era una mujer de excelente trato, ni encogida, ni entremetida; ni maliciosa en extremo, ni neciamente cándida, y en cuanto amiga, segura y leal como, ¡ojalá!,° fuesen todos los hombres. Al saber que había aparecido muerta en su cama, fulminada por un 'derrame seroso,° sentimos el frío penetrante 'del *más allá*,° el estremecimiento que causa una ráfaga de aire glacial que nos azota el rostro al entrar en un panteón[2]. ¡Así nos vamos, así se desvanece en un soplo nues-   tasted delicious / God willing! / brain hemorrhage / from the beyond

---

1 **Que no...** *who hasn't found himself/herself in the position of having to give*

2 A pantheon is building in which illustrious people are buried or commemorated.

tra vida, al parecer tan activa y tan llena de planes, de esperanzas y de tenaces intereses! Precisamente la noche anterior habíamos ido de tertulia a casa de la señora de Lasmarcas; aún nos parecía verla ofreciéndonos un trozo de bizcochada, que alababa asegurando ser receta dada por las monjas de la Anunciación³...

Advertidos de la desgracia los amigos íntimos, se decidió que yo me encargaría de avisar al hermano de la difunta. Don Ambrosio Corchado no vivía en la misma ciudad que su hermana, sino a dos leguas,⁴ en una posesión de donde no salía jamás, y donde la viuda residía en la temporada de verano. Rico y poco sociable, don Ambrosio realizaba el tipo de solterón: no quería molestar al mundo, y menos toleraba que el mundo le molestase a él. A su manera, lo pasaba perfectamente, introduciendo mejoras en su finca, dirigiendo la labranza y cebando gallinas y cerdos. 'Es cuanto° sabíamos de don Ambrosio. Para cumplir sin tardanza mi cometido, encargué un coche, y a los tres cuartos de hora lo tenía ante la puerta, con repique° de cascabeles y traqueteo de ruedas chirriantes.

[margin: that's all]

[margin: ringing]

Entré en el desvencijado vehículo y tomamos la dirección de la finca. Era preciosa la mañana, vibrante, alegre, llena de sol y luz, preludiando la primavera, que se acercaba ya. Reclinado en el fondo del birlocho,⁵ viendo desaparecer por la ventanilla el pintoresco paisaje, me entró, a pesar del buen tiempo y del aire puro y vivo, una dolorosa melancolía, una especie de aprensión y de timidez violenta.

El corazón se me encongió, pensando en lo que debía participar° a don Ambrosio, y en cómo empezaría a hacerle paladear el trago para que sintiese menos su amargor. Me representaba con eficacia lo dramático del momento. Don Ambrosio no tenía otra hermana, ni más familia en el mundo. La señora de Lasmarcas no dejaba hijos que pudiese recoger su hermano y que alegrasen su solitaria vejez. ¡Una hermana! El ser a quien acompañamos desde la cuna;° con quien hemos jugado de niños; ser que lleva nues-

[margin: inform]

[margin: cradle]

---

3 Among the products made by this religious order are borrachuelos, which are flaky puff pastries filled with fruit pudding.

4 A league is 3 ½ miles.

5 A barouche is a fashionable 19th-century carriage pulled by a pair of horses and having a collapsible roof.

tra sangre; que ha compartido nuestros primeros inocentes goces,
nuestros primeros berrinches;° que ha sido nuestro confidente,   tantrums
nuestro encubridor, que vio nuestras travesuras° y se emocionó   mischievous pranks
con nuestros amoríos infantiles; la mamá pequeña, la amiga na-
tural, la cómplice° desinteresada, la defensora. El que no conoce   accomplice
otro afecto; el que de todos los suyos conserva una hermana, ¡qué
sentirá al saber que la ha perdido! Sin duda alguna, lo que el ár-
bol⁶ cuando le hincan el hacha° en mitad del tronco, cuando lo   ax
hienden y parten. Además, ¡era tan súbita la muerte! Tal vez don
Ambrosio se había forjado mil veces la ilusión de que su hermana,
más joven que él, le cerraría los ojos.⁷

Estos pensamientos, exaltando mi imaginación, me causaron
tan indefinible angustia, que al pararse el coche ante el portón
de la finca llevaba yo los ojos humedecidos de lágrimas. Dominé
mi debilidad, salté a tierra, y al preguntar por don Ambrosio a
un hombre que igualaba la arena del patio, soltó él de muy buena gana el escardillo° y me guió, pasando por hermosos jardines   small hoe
adornados con fuentes y por un huerto de frutales, a una pradería,° prairie
donde varios gañanes trabajaban en 'segar hierba° y amontonarla   mowing down grass
en carros, bajo la inspección de un vejete de antiparras° azules y eyeglasses
sombrero de paja.°—Era don Ambrosio en persona.—Me saludó   straw
con sorpresa, y al decirle que venía por un asunto de cierta importancia, mostró bastante amabilidad. Explicóme que el pradi-
to aquel rendía todos los años más de treinta carros de hierba seca,
que 'se vendía como pan bendito;° y cediendo a la propensión de   sold like hotcakes
hablar sólo de lo que se roza con preocupaciones del orden prác-
tico, añadió que temía que viniese a llover, y activaba la faena° a task
fin de recoger la hierba en buenas condiciones. Después me seña-
ló a una esquina del prado, que cruzaba un limpio riachuelo, y me
preguntó si creía la fuerza del agua suficiente para hacer mover
un 'molino harinero° que pensaba instalar allí. Su cara arrugadilla flour mill
y su cascada voz adquirirían gravedad al enunciar estos propósitos.
Yo, entretanto, buscaba sitio por donde herirle; pero dos o tres in-
sinuaciones acerca de la mala salud de la viuda no arrancaron más
que un distraído '"vaya, vaya."° Entonces resolví apretar y entré   well, well

---

6 The verb *siente* is implied here.
7 This refers to the practice of closing the eyes of the dead. Here it means
that he would have expected her to outlive him.

en materia: venía precisamente porque la señora, algo enferma desde ayer... "Sí, molestias del invierno, catarrillos,° respondió maquinalmente. Me sublevó la salida, y solté las dos palabras "enfermedad grave"... Al través de los azules vidrios noté que parpadeaba° el viejo. "¿Grave? Y el médico ¿qué dice?"

head colds

was blinking

"No hubo tiempo de consultarle..." exclamé. "Ya ve usted, las cosas repentinas..."

"Pues que se consulte, que se consulte," repitió volviéndose para ver pasar un carro cargado a colmo. "¡Eh," grito dirigiéndose a los gañanes, "brutos, que se os cae la mitad de la hierba! ¡Sujetad bien la carga, por Cristo!"

"¿No le digo a usted," interrumpí alzando también la voz, "que no dio lugar a consultar nada? Fue de pronto..., la..."

Se me atragantaba la palabra terrible; pero al fin la solté:

"¡La... la muerte!"

Don Ambrosio hizo un movimiento hacia atrás. Sus vidrios azules centellearon al sol. Titubeando murmuró:

"De manera... que... que...."

"Que ha fallecido su hermana de usted, sí, señor; esta mañana se la encontraron cadáver... en la cama... Un derrame seroso..."

El viejo guardó silencio, columpiando la cabeza. Después de una pausa, tosiqueó° y dijo tranquilamente:

coughed repeatedly

"¡Válgate Dios!° Le llegó su hora a la pobre... Bueno, si hay cualquier dificultad para el entierro, que... que cuenten conmigo... Por poco más... ¿sabe usted?, que se haga todo con decencia... En cien duros[8] 'arriba o abajo° no deben ustedes reparar."

Goodness gracious!

more or less

"¿No vendrá usted al funeral?" pregunté devorando al viejo con los ojos.

"Verá usted... Con el prado a medio segar y este tiempo tan a propósito... imposible. ¡Bueno andaría esto si faltase yo! Mañana justamente viene el maestro de obras para tratar lo del molino... Hay que rumiar el contrato, porque si no, esas gentes le pelan° a uno. ¿Y usted qué opina? ¿Tendrá fuerza el agua? Ahora en primavera, no hay cuidado; pero ¿en otoño?"

swindle

Salí de allí en tal estado de exasperación, que batí la portezuela del coche al cerrarla, contribuyendo a desbaratar el fementido birlocho. Otra vez me dominaba una tristeza invencible; me

---

8   A **duro** is a coin worth five pesetas or twenty reales.

sentía ridículo, y la miseria de nuestra condición me abrumaba
al pensar en aquel vejete insensible° como una roca, que sólo se   insensitive
ocupaba en el prado y el molino y se olvidaba de la proximidad
de la muerte. ¡Valiente necedad[9] mis precauciones y mis recelos
para darle la noticia! De pronto se me ocurrió una idea singu-
lar.° Mi acceso de sensibilidad compensaba la indiferencia de don   extraordinary
Ambrosio. El verdadero *hermano* de la pobre muerta era yo, yo
que había sentido el dolor fraternal, yo que me había sustituido,
con la voluntad y el sentimiento, al hermano según la carne.° En   flesh
el mundo moral como en el físico nada se pierde, y todos los que
tienen derecho a una suma de cariño, la cobran, si no del que se la
debe, de otro generoso pagador. Consolado al discurrir así, saqué
la cabeza por la ventana y dije al cochero (de veras que se lo dije):
"Más aprisa, que necesito disponer el funeral de mi hermana."

9 **Valiente necedad ...** *what a fine stupidity*

10

El encaje roto° torn

ONVIDADA[1] A LA BODA de Micaelita Aránguiz con Bernardo de Meneses, y no habiendo podido asistir, grande fue mi sorpresa cuando supe al día siguiente—la ceremonia debía verificarse° a las diez de la noche en casa de la novia°—que ésta,[2] al pie mismo del altar, al preguntarle el Obispo° de San Juan de Acre si recibía a Bernardo por esposo, soltó un *no* claro y enérgico; y como reiterada con extrañeza° la pregunta, se repitiese la negativa, el novio, después de arrostrar un cuarto de hora la situación más ridícula del mundo, tuvo que retirarse, deshaciéndose la reunión y el enlace a la vez.

to take place

bride

bishop

surprise

No son inauditos casos tales, y solemos leerlos en los periódicos; pero ocurren entre gente de clase humilde, de muy modesto estado, en esferas donde las conveniencias sociales no embarazan° la manifestación franca y espontánea del sentimiento y de la voluntad.

hamper

Lo peculiar de la escena provocada por Micaelita era el 'medio ambiente° en que se desarrolló. Parecíame ver el cuadro, y no podía consolarme de no haberlo contemplado por mis propios ojos. Figurábame el salón atestado, la escogida concurrencia, las señoras vestidas de seda y terciopelo, con collares° de pedrería; al brazo la mantilla blanca para tocársela en el momento de la ceremonia; los hombres, con resplandecientes placas o luciendo veneras de ordenes militares en el delantero del frac;[3] la madre de la novia, ricamente prendida, atareada, solícita, de grupo en gru-

environment

necklaces

---

1   Notice that the feminine ending indicates that this narrator is a woman.

2   **Ésta** refers to **novia**.

3   A **frac** is a dress coat worn at the most formal events. It is waist length in the front and has two long tails reaching the knees in the back. It is worn with a white bow tie and waistcoat.

po, recibiendo felicitaciones; las hermanitas, conmovidas, muy monas, de rosa la mayor, de azul la menor, ostentando los brazaletes de turquesas, regalo del cuñado° futuro; el Obispo que ha de bendecir la boda, alternando grave y afablemente, sonriendo, dignándose soltar chanzas urbanas o discretos elogios, mientras allá, en el fondo, se adivina el misterio del oratorio° revestido de flores, una inundación de rosas blancas, desde el suelo hasta la cupulilla, donde convergen radios° de rosas y de lilas° como la nieve, sobre rama verde, artísticamente dispuesta;° y en el altar, la efigie de la Virgen protectora de la aristocrática mansión, semioculta por una cortina de azahar,[4] el contenido de un departamento° lleno de azahar que envió de Valencia el riquísimo propietario Aránguiz, tío y padrino de la novia, que no vino en persona por viejo y achacoso—detalles que corren de boca en boca, calculándose la magnífica herencia que corresponderá a Micaelita, una esperanza más de ventura para el matrimonio, el cual irá a Valencia[5] a pasar su luna de miel. En un grupo de hombres me representaba al novio° algo nervioso, ligeramente pálido, mordiéndose el bigote sin querer, inclinando la cabeza para contestar a las delicadas bromas y a las frases halagüeñas° que le dirigen...

    Y, por último, veía aparecer en el marco de la puerta que da a las habitaciones interiores una especie de aparición, la novia, cuyas facciones apenas se divisan bajo la nubecilla del tul, y que pasa haciendo crujir la seda de su traje, mientras en su pelo brilla como sembrado de rocío, la roca antigua del 'aderezo nupcial...° Y ya la ceremonia se organiza, la pareja avanza conducida con los padrinos, la cándida figura se arrodilla al lado de la[6] esbelta° y airosa del novio... Apíñase en primer término la familia, buscando buen sitio para ver amigos y curiosos, y entre el silencio y la respetuosa atención de los circunstantes..., el Obispo formula una interrogación, a la cual responde un *no* seco como un disparo, rotundo como una bala. Y—siempre con la imaginación—notaba el movimiento del novio, que se revuelve herido; el ímpetu de la madre, que se lanza para proteger y amparar a su hija; la insistencia del

brother-in-law

private chapel

sprays; lilacs
arranged

train compartment

groom

flattering

bridal jewelry

slender

---

4 Within the traditional symbolism of flowers, orange blossoms represented virginity.

5 Valencia is a region famous for its production of oranges.

6 **La** refers to **figura**.

Obispo, forma de su asombro; el estremecimiento del concurso; el ansia de la pregunta transmitida en un segundo: "¿Qué pasa? ¿Qué hay? ¿La novia se ha puesto mala? ¿Que dice *no*? Imposible... ¿Pero es seguro? ¡Qué episodio!..."

Todo esto, dentro de la vida social, constituye un terrible drama. Y en el caso de Micaelita, al par que drama, fue logogrifo.°   riddle Nunca llegó a saberse de cierto la causa de la súbita negativa.

Micaelita se limitaba a decir que había cambiado de opinión y que era bien libre y 'dueña de° volverse atrás, aunque fuese al   at liberty to pie del ara, mientras el *sí* no hubiese partido de sus labios. Los íntimos de la casa se devanaban los sesos, emitiendo suposiciones inverosímiles. Lo indudable era que todos vieron, hasta el momento fatal, a los novios satisfechos y amarteladísimos;° y las deeply in love amiguitas que entraron a admirar a la novia engalanada, minutos antes del escándalo, referían que estaba loca de contento y tan ilusionada y satisfecha que no se cambiaría por nadie. Datos eran éstos para obscurecer más el extraño enigma que por largo tiempo dio pábulo a la murmuración, irritada con el misterio y dispuesta a explicado desfavorablemente.

A los tres años—cuando ya casi nadie iba acordándose del sucedido de las bodas de Micaelita—me la encontré en un balneario° de moda donde su madre tomaba las aguas,[7] No hay cosa   spa que facilite las relaciones como la vida de balneario, y la señorita de Aránguiz se hizo tan íntima mía, que una tarde, paseando hacia la iglesia, me reveló su secreto, afirmando que me permite divulgarlo, en la seguridad de que explicación tan sencilla no será creída por nadie.

"Fue la cosa más tonta... De puro tonta no quise decirla; la gente siempre atribuye los sucesos a causas profundas y trascendentales, sin reparar en que a veces nuestro destino lo fijan las niñerías, las *pequeñeces* más pequeñas... Pero son pequeñeces que significan algo, y para ciertas personas significan demasiado. Verá usted lo que pasó; y no concibo que no se enterase nadie, porque

---

7 The practice of "taking the waters" stemmed from a belief in the curative powers of natural spring water. In the 19th-century, spas throughout Europe allowed visitors to bathe in thermal pools and/or drink medicinal waters that often had a high sulphur content. Fashionable spas also became vacation spots where guests of various social ranks could relax, dance, gamble, and socialize.

el caso ocurrió allí mismo, delante de todos; solo que no se fija-
ron porque fue, realmente, un decir Jesús.[8]

Ya sabe usted que mi boda con Bernardo de Meneses parecía reunir todas las condiciones y garantías de felicidad. Además,
confieso que mi novio me gustaba mucho, más que ningún hombre de los que conocía y conozco; creo que estaba enamorada de
él. Lo único que sentía era no poder estudiar su carácter; algunas
personas le juzgaban violento; pero yo le veía siempre cortés, deferente, blando como un guante. Y recelaba que adoptase apariencias destinadas a engañarme y a encubrir una fiera y avina-
grada condición. Maldecía° yo mil veces la sujeción de la mujer   I cursed
soltera, para la cual es un imposible° seguir los pasos a su novio,   impossibility
ahondar° en la realidad y obtener informes leales, sinceros hasta   to dig deeply
la crudeza—los únicos que me tranquilizarían. Intenté someter a
varias pruebas a Bernardo, y 'salió bien de ellas;° su conducta fue   he passed them all
tan correcta,° que llegué a creer que podía fiarle sin temor alguno   proper
mi porvenir y mi dicha.

Llegó el día de la boda. A pesar de la natural emoción, al ves-
tirme el traje blanco reparé una vez más en el soberbio volante
de encaje que lo adornaba, y era el regalo de mi novio. Había
pertenecido a su familia aquel viejo Alençon[9] auténtico, de una
tercia de ancho[10]—una maravilla—de un dibujo exquisito, perfectamente conservado, digno del escaparate de un museo. Bernardo me lo había regalado encareciendo su valor, lo cual llegó a
impacientarme,° pues por mucho que el encaje valiese, mi futuro[11]   irritate me
debía suponer que era poco para mí.

En aquel momento solemne, al verlo realzado por el denso
raso del vestido, me pareció que la delicadísima labor significaba
una promesa de ventura, y que su tejido,° tan frágil y a la vez tan   weave
resistente, prendía en sutiles mallas dos corazones. Este sueño

---

8   **Un decir Jesús** *over in just a brief moment* (i.e. the time it takes to say
Jesús).

9   **Alençon** is a needlepoint lace from the French town of the same name.
Handmade of fine linen thread on a sheer net background, it is delicate in
appearance yet durable. Known as the Queen of lace, it is the most expensive
lace in the world.

10   **Una tercia…** *a third of a vara wide.* A vara was a linear measurement
varying from 31 to 33 inches.

11   **Futuro** refers to her future husband.

me fascinaba cuando eché a andar hacia el salón, en cuya puerta me esperaba mi novio. 'Al precipitarme° para saludarle llena de alegría, por última vez, antes de pertenecerle en alma y cuerpo, el encaje se enganchó en un hierro° de la puerta, con tan mala suerte que al quererme soltar, oí el ruido peculiar° del desgarrón y pude ver que un jirón del magnífico adorno colgaba sobre la falda. Sólo que también vi otra cosa: la cara de Bernardo, contraída y desfigurada por el enojo más vivo; sus pupilas chispeantes, su boca entreabierta ya para proferir la reconvención y la injuria°... No llegó a tanto[12] porque se encontró rodeado de gente; pero en aquel instante fugaz se alzó un telón y detrás apareció desnuda un alma.

    Debí de inmutarme; por fortuna, el tul de mi velo me cubría el rostro. En mi interior algo crujía y se despedazaba, y el júbilo con que atravesé el umbral del salón se cambió en horror profundo. Bernardo se me aparecía siempre con aquella expresión de ira, dureza y menosprecio que acababa de sorprender en su rostro; esta convicción se apoderó de mí, y con ella vino otra: la de que no podía, la de que no quería entregarme a tal hombre, ni entonces, ni jamás... Y, sin embargo, fui acercándome al altar, me arrodillé, escuché las exhortaciones del Obispo... Pero cuando me preguntaron, la verdad me saltó a los labios, impetuosa, terrible...

    Aquel *no* brotaba° sin proponérmelo; me lo decía a mí propia..., ¡para que lo oyesen todos!"

    "Y por qué no declaró usted el verdadero motivo, cuando tantos comentarios se hicieron?"

    "Lo repito: por su misma sencillez... No se hubiesen convencido jamás. Lo natural y vulgar es lo que 'no se admite.° Preferí dejar creer que había razones de esas que llaman serias..."

upon hurrying

bit of iron hardware

characteristic

insult

burst forth

isn't accepted

---

12 **No llegó...** *it didn't come to that*

II

Tío Terrones

E N EL PUEBLO DE Montonera, por espacio de dos meses, no se habló sino del ejemplar castigo de Petronila, la hija del tío[1] Crispín Terrones. Al saber el desliz[2] de la muchacha, su padre había empezado por aplicarla una tremenda paliza° con la vara de taray (la de apalear la capa por miedo a la polilla); hecho lo cual, la maldijo solemnemente, como quien exorciza a un energúmeno[3] y, al fin, después de entregarla un mezquino hatillo y treinta reales,[4] la sacó fuera de la casa fulminando en alta voz esta sentencia:

beating

"Vete adonde quieras, que mi puerta no has de atravesarla más en tu vida."

Petronila, silenciosamente, bajó la cabeza y se dirigió al mesón, donde pasó aquella primera noche; al día siguiente, de madrugada, trepó a la imperial de la diligencia[5] y alejóse de su lugar resuelta a no volver nunca. La mesonera, mujer 'de blandas entrañas,° quedó muy enternecida; a nadie había visto llorar así, con tanta amargura; los sollozos de la maldita resonaban en todo el mesón. Tanto pudo la lástima con la tía Hilaria—la piadosa mesonera tenía este nombre—que al despedirse Petronila preguntando cuánto debía por el hospedaje, en vez de cobrar nada, deslizó en la mano ardorosa de la muchacha un duro,[6] no sin secarse con el pico° del pañuelo los húmedos ojos. ¡Ver aflicciones,

softhearted

corner tip

---

1 **Tío** and **tía** in this story do not mean uncle and aunt. Rather, they are titles of respect used to refer to the elderly.

2 **Desliz** is used here as a euphemism to refer to the loss of her virginity.

3 An **energúmeno** is someone posessed of an evil spirit.

4 A **real** is worth 25 céntimos. There are 4 reales in a peseta, and 20 reales in a duro.

5 **La imperial….** *the rooftop seats of the stagecoach*

6 A **duro** is a coin worth 5 pesetas or 20 reales.

y no aliviarlas pudiendo! Para eso no había nacido Hilaria, la de la venta del Cojitranco.

Cinco años transcurrieron sin que se supiese nada del paradero de la maldita. Ya en Montonera 'rarísima vez° se pronunciaba su nombre; la familia daba ejemplo de indiferencia; el padre, metido en sus eras° y en sus trigales; las hijas—que habían ido casándose, a pesar de la mala nota que por culpa de Petronila recaía en ellas—atareadas en su hogar y criando a sus retoños. Sin embargo, Zoila—la más joven, la única soltera—solía detenerse a la puerta del mesón a conversar, 'mejor dicho,° a chismorrear con la tía Hilaria, movida del deseo de averiguar algo referente a Petronila, de la cual no se olvidaba. Y acaeció que cierta tarde, fijándose casualmente en las orejas de la mesonera, Zoila (que era todo lo aficionada a componerse° y emperifollarse que permitía su humilde estado) soltó un chillido y exclamó:

very seldom

vegetable gardens

more precisely

dress up

"¡Anda, y qué pendientes tan majos, tía Hilaria! ¡Pues si son de oro! ¡Y con chispas,° digo! ¡Ni la Virgen del Pardal![7] ¿De ónde los ha sacao usté?"[8]

diamond chips

"Me los han regalao,[9] ¡tú!"[10] contestó evasivamente la mesonera.

"¡Regalao! ¡Diez![11] ¿Y quién ha tenío[12] la ocurrencia° de regalarle esa preciosidá[13] a una..., a una persona mayor!"

crazy idea

"Di a una vieja, que es lo que quieres decir, mocosa," rezongó algo° picada la tía Hilaria, pues no hay hembra, así cuente los años de Matusalén,[14] a quien no mortifique el que se los echen en rostro. "Ahí verás; quien me los regaló..., quien me los regaló es persona muy conocía[15] tuya."

somewhat

No fue posible sacarle otra palabra; pero Zoila 'no era lerda ni roma del entendimiento,° y concibió una sospecha fundada. Desde entonces volvió por el mesón del Cojitranco siempre que

wasn't dim-witted

---

7 **Ni la Virgen...** *not even the Virgin of Pardal (has such earrings)*

8 **¿De ónde los ha sacao usté?** = ¿De dónde los ha sacado usted?

9 **Regalao** = regalado

10 **¡Tú!...** *what business is it of yours?*

11 **Diez** = rediez (i.e. an exclamation denoting surprise or anger)

12 **Tenío** = tenido

13 **Preciosidá** = preciosidad

14 Genesis 5:27 states that Methuselah was 969 years old when he died.

15 **Conocía** = conocida

pudo, y observó. Hilaria, que 'tampoco pecaba de simple,° notó   wasn't dumb either
el espionaje y pareció complacerse en desafiado y en irritar las
curiosidades envidiosas. Cada día estrenaba galas nuevas, brincos[16] y joyas que hacían reconcomerse a la mozuela y la volvían
tarumba. Ya era el rosario de oro y nácar lucido en 'misa mayor,°   High Mass
ya el rico mantón de ocho puntas en que se agasajaba, ya la sortija de un brillante° gordo, ya el buen vestido de merino[17] negro   diamond
con adornos de agremán.[18] No pasan inadvertidas detalles de
esta magnitud en ninguna parte, y mucho menos en Montanera;
pero antes de que el pueblo atónito se convenciese del insolente
boato que gastaba la tía Hilaria; antes de que en la rebotica se
comentasen acaloradamente las obras de reparación y ensanche°   expansion
emprendidas a todo coste en el ruinoso mesón, y la adquisición
de varios terrenos de labradío de los más productivos, pegados° a   attached
las heredades de Hilaria, y que las redondeaban como una bola,
ya Zoila había gritado a su padre con ronca y furiosa voz y con
iracundo temblor de labios:

"Tos[19] los lujos asiáticos[20] de la tía Hilaria, ¿sabe usté de ónde
salen? ¿A que no? ¡De la Petronila, ni más ni menos! Y ahora,
¿qué ice usté deso, amos a ver?"[21]

"¿Y, qué quiés[22] que yo te diga?" respondió el paleto, hosco y
cabizbajo, con una arruga profunda en la frente y dejando arrastrar la mirada por el suelo.

"¿Qué quiero? ¡Anda, anda! ¡Qué es un pecao[23] contra Dios
que se lo lleven tó[24] los extraños y los parientes por la sangre no

---

16 A **brinco** is a small piece of jewelry, often fashioned in the shape of
an animal. It is typically made of gold and enamel, and can contain pearls
and/or small gems.

17 Merino sheep from Spain were considered to yield the finest and soft-
est wool in the world.

18 **Agremán** is elaborate embroidery work made with ribbon, beads,
and gimp.

19 **Tos** = todos

20 **Asiáticos** is used here to mean rare and exotic.

21 **¿Qué ice usté deso, amos a ver?** = ¿Qué dice usted de esto, vamos
a ver?

22 **Quiés** = quieres

23 **Pecao** = pecado

24 **Tó** = todo

sepamos siquiá[25] que tenemos una hermana más rica que el Banco España![26] Si, señor; no haga usté señal que no con las cejas... Ya corre por tó el lugar, y ayer en la botica lo explicó el médico don Tiodoro[27]... Paice[28] que está la Petronila en Madri,[29] y que vive en una casa grande a mo de[30] palacio, y por no faltarle cosa alguna, hasta coche lleva, con dos 'yeguas rollizas,° que ni las mulas del señor obispo.[31] Y na[32] menos que la manda a la tía Hilaria muchas pesetas por ca[33] correo... ¿Es eso rigular?"[34]

plump mares

"¡Allá ellas!"[35] refunfuñó° el tío Terrones ásperamente, sombrío y ceñudo; "¡Lo mal ganao,[36] que le aproveche a quien lo come!"

grumbled

"¿Y usté qué sabe si es mal ganao? Dios manda pensar 'lo mejor."°

the best of people

Callaron padre e hija, pero sus miradas ávidas, sus plegadas frentes, sus ojillos, en que relucía involuntariamente la codicia, se expresaron con sobrada elocuencia. Zoila fue la primera que se resolvió a formular el obscuro anhelo de su voluntad.

Retorciendo un pico del pañuelo y adelantando los labios dos o tres veces en mohín antes de romper a hablar, susurró bajito, dengosa y seria:

"Yo que usté..., pues la escribía 'dos letras°... ¡Na[37] más que dos letras! ¡Medio pliego°!"

just a few words
sheet of paper

"¿Y estaría eso bonito, Zoila?... Amos, mujer... Como si ahora te fueses a morir, ¿estaría bonito? ¡Después de lo pasao,[38] hija!"

---

25 **Siquiá** = ni siquiera

26 The **Banco de España** was established in Madrid in 1782 by Carlos III. In 1874 the Spanish government granted it a monopoly on the issuance of Spanish bank notes.

27 **Tiodoro** = Teodoro

28 **Paice** = parece

29 **Madri** = Madrid

30 **A mo de** = a modo de

31 **Que ni las mulas...** *even better than the bishop's mules*

32 **Na** = nada

33 **Ca** = cada

34 **Rigular** = regular (i.e. fair)

35 **Ellas** refers to pesetas.

36 **Ganao** = ganado

37 **Na** = nada

38 **Pasao** = pasado

"Bonito, bonito... ¿De qué sirve bonitear? ¡Más feo está que se lleve la tía Hilaria lo que en ley debía ser de usté... o mío por lo menos, ea!"

Terrones alzó la callosa mano y se rascó despacio, con movimiento maquinal, la atezada sien, sombreada por una ráfaga de cabello ceniciento,° corto y duro. Por primera vez, desde la expulsión de Petronila, meditaba el problema de aquel destino de mujer, en que él había influido de tan decisiva manera al condenarla, rechazarla° y maldecirla cuando cayó. Entonces le parecía al bueno del paleto que cumplía un deber moral, y hasta que procedía como caballero, allá a su manera rústica, pero impregnada de un sabor romántico[39] a la antigua española; y lanzada la maldición, barrida° y limpia la casa con la marcha de la hija culpable, el pardillo se había creído grande, fuerte, una especie de monarca doméstico, de absoluto poder y patriarcales atribuciones. El que juzga, el que sentencia, el que ejecuta, crece, domina, vuela 'por cima° del resto de la humanidad... Bien recordaba Terrones que— en más o menos rudimentaria forma—así se sentía cuando hizo de justiciero; y ahora, por el contrario, advertía una humillación grande al reprenderle su otra hija, al persuadirse de que *la de allá,* la maldita, la echada, la barrida, la culpable, tenía en sus manos la felicidad según la comprendía Terrones: poseía 'los bienes de la tierra.° Recordad lo que es para el paleto el dinero... ¿Pero, y la honra? ¡Bah! ¿A quién le importa la honra de un pobre?.. ¡Cuántas veces el pícaro dinero toma figura de honor!

No obstante estas reflexiones disolventes, el viejo, frunciendo las cejas con repentina energía, levantándose como para cortar la discusión, exclamó del modo más rotundo y seco, lleno de dignidad e intransigencia:

"La tinta con que yo la escriba a esa pindonga,[40] no sá fabricao[41] ni sá de fabricar, mujer."

Antes de que Zoila, aturdida, opusiese impetuosa réplica, sin dar tiempo a que abriese la boca, a que respirase, Terrones se de-

---

ash-colored

reject her

swept

high above

worldly goods

39 **Romántico** here refers to Romanticism, an artistic movement that drew heavily on images from the Middle Ages.

40 A **pindonga** is a woman who keeps bad company and stays away from home a lot.

41 **No sá fabricao** = no se ha fabricado

tuvo un momento y masculló° sin transición de tono: mumbled

"Ahora, si tú la quiés escribir... Hija, no digo... Tú, es otra cosa. Pa[42] eso has ío[43] a la escuela y haces ese letruz[44] tan reondo,[45] que ¡no paice sino que estudiabas el oficio de mimorialista!"[46]

---

42 **Pa** = para

43 **Ío** = ido

44 **Letruz** is used here to refer to her handwriting.

45 **Reondo** = redondo

46 **Mimorialista** = memorialista

12

La argolla[1]

SOLA YA EN LA reducida habitación, Leocadia, con mano trémula, desgarró los 'papeles de seda° que envolvían el estuche, se llegó a la ventana, que 'caía al patio,° y oprimió el resorte. La tapa se alzó, y del fondo de azul raso surgió una línea centelleante;° las fulguraciones de la pedrería hicieron cerrar los ojos a la joven, deliciosamente deslumbrada. No era falta de costumbre de ver joyas; 'a cada instante° las admiraba, con la admiración 'impregnada de° tristeza de una constante envidia, en gargantas y brazos menos torneados° que los suyos. Si aquel brillo la parecía misterioso (el[2] de los tachones° de una puerta del cielo), es que se lo representaba alrededor de su brazo *propio,* como irradiación triunfante de su belleza, como esplendor de su ser femenino.

¡Había pasado tantos años ambicionando° algo semejante a lo que significaba aquel estuche! Siempre vestida de desechos laboriosamente *refrescados* (¡qué ironía en este verbo!); siempre calzada con botas viejas, al través de cuya suela sutil penetraba la humedad del enlodado piso;° siempre limpiando guantes innoblemente sucios, con la suciedad ajena, manchados en los bailes por otra mujer; siempre cambiando un lazo o una flor al 'sombrero de cuatro inviernos° o tapando el roto cuello de la taima° con una pasamanería[3] aprovechada, verdosa, Leocadia repetía para sí con ira oculta: "¡Ah! ¡Cómo yo pueda algún día!" No sabía de qué modo... pero estaba cierta de que aquel día iba a llegar, porque su regia hermosura, mariposa° de intensos colores,

tissue paper
overlooked

sparkling

all the time
saturated with
well-turned

ornamental nails

yearning for

pavement

four-year-old hat, cap

butterfly

---

1 Two meanings of **argolla** (hoop and shackle) are both applicable to this story.

2 **Él** refers to **brillo**.

3 A type of embroidery done with trim, lace, beads, and ribbon.

rompía ya el basto capullo.

Recibida Leocadia en casa del opulento negociante Ribelles, como señorita de compañía de sus hijas, el hermano del banquero, solterón más rico aún, al regreso de uno de sus frecuentes viajes 'al extranjero,° hallándola sola cuando volvía de escoltar° a sus sobrinas, la detuvo, y sin preámbulo la dijo... lo que adivina el lector.° abroad, escorting reader

La conversación pasó frente a un espejo enorme, rodeado de plantas naturales, entre el silencio solemne de la escalera tapizada de grueso terciopelo rojo. Fuc lacónica, firme, concreta,° por parte de Gaspar; verdad es que Leocadia no titubeó: con dos *síes* aceptó el convenio.° specific agreement

Se irían juntos a Inglaterra, antes de una semana. Y el brazalete, la hilera de gruesos brillantes, que acababa de ceñir a su muñeca,° era la señal, las arras, por decirlo así, del contrato. Se despediría la víspera de la familia Ribelles por medio de una sencilla carta. Ni les debía otra cosa, ni tenía por qué darles cuenta de sus resoluciones. '¡Abur, abur!'° wrist Good-by, So long!

Y se complacía mirando el hilo de luz en torno de la muñeca redonda. Alzó la mano hasta el espejo, para divisar en él[4] su brazalete copiado. ¡Ya los tendría de todas clases,° muy pronto! Aros de rubíes sangrientos y de zafiros celestes; cadenas° de eslabones de oro, entreverados con lágrimas de perlas, como los que se ostentaren en el escaparate de Lacloche...[5] Mientras pensaba esto, una idea cruzó por su cerebro de mujer a quien la necesidad ha forzado a adquirir cierta cultura—idea confusa, ráfagas de lecturas,° recuerdo de la significación de la joya. Argolla de esclava° había sido en otros tiempos, en las primitivas edades, el mágico trazo centelleante que rodeaba su puño... "Ahora significa libertad," pensó. "No volveré a cubrir mi cuerpo con lo que otras no quisieron para el suyo..."[6] Y sentía un profundo goce que la dilataba el pecho, que la enrojecía las mejillas, el disfrute anticipado de tantas preciosidades. Su cutis° fino, de puro raso, percibía el types chains readings, slave skin

---

4 **Él** refers to **espejo**.

5 The fashionable jewelry firm of Lacloche Freres was founded in 1875 in Madrid by four brothers: Fernand, Jacques, Jules, and Leopold Lacloche. Additional stores were later opened in San Sebastián, Biarritz, and Paris.

6 **El suyo** refers to **cuerpo**.

contacto de la batista,[7] la caricia muelle° del encaje; su garganta,   soft and luxurious
la tibia atmósfera que crean los rizados plumajes y las 'vivientes
pieles;° sus orejas de rosa, el toque frío del claro solitario;[8] sus pies   furs
airosos, la opresión elástica y crujiente de la 'malla sedeña...°   fine linen

    "No vuelvo a usar algodón," determinó. "Seda, seda no más...
Y a docenas los pares... Unos calados; otros, bordados como ga-
las de novia..."° Acordóse del equipo° de la mayor de las Ribelles,   bride, trousseau
casada el año anterior, y las punzantes de codicia° que despertaba   covetousness
tanta riqueza.

    A la evocación de las venturas nupciales, un estremecimiento
corrió por el espinazo de Leocadia. Ella no era *novia*... Las novias
no lo son por las galas,° ni por las joyas, ni siquiera por el amor...   wedding gifts
Son *novias* por otra razón. ¡Leocadia no sería *novia* jamás! Sin
embargo, a pesar de sus ansias de desquite y de lujo, acaso por
ellas[9] mismas, conservaba su pureza como se conserva lejos del
hielo y del cierzo una azucena° destinada a marchitarse en una   white lily
orgía. "Dentro de seis días...," calculó con involuntario horror.
La figura de Gaspar brotó, por decirlo así, del fondo oscuro del
cuartucho,° en una especie de alucinación de los sentidos. Leo-   dingy room
cadia vio a su futuro... Futuro ¿qué? "Futuro... dueño," articuló,
abrasándose la garganta al paso de la voz. El orgullo, el orgullo
con anverso de virtud y reverso de vicio,[10] con su dualidad moral,
se irguió[11] en su alma. ¡El tal Gaspar Ribelles! Su barba ya cano-
sa, lustrada de aceite perfumado; su boca, de labios gordos; sus
dientes plomizos, restaurados por medio de toquecitos de oro;
sus mejillas llenas y encarnadas; su abdomen de ricachón... ¡Qué
tipo tan diferente de lo que a menudo, al oír música, después
de leer versos,° o en la capilla, entre el olor del incienso, soñaba   poetry
Leocadia! Con la intensidad de un dolor físico, agudo, de una
impresión de azotes° en las desnudas espaldas, la hirió la certi-   lashes from a whip
dumbre de que solo faltaban seis días para la exclavitud... ¡Ah!
¡Cómo aborrecía al mercader! ¡Cómo le aborrecía con todo su

---

    7 Cambric is a lightweight cotton cloth used as a fabric for lace or
needlework.

    8 A solitaire is a precious stone, especially a diamond, set by itself, as in
a ring or an earring.

    9 **Ellas** refers to **ansias**.

    10 The **anverso** and the **reverso** are the two sides of a coin.

    11 **Se irguió**... *arose* (the infinitve of this verb is erguirse).

ser sublevado, con epidermis, nervios, fibras, venas, entrañas!...

Un golpe en la puerta del cuarto, y la cara risueña y maliciosa, de monago, de Tomasico, el *botones*.

"Señorita... Esta carta acaban de traer."

Era un continental:[12] un pliego° de papel que tenía por tim-   sheet
bre el globo terráqueo, dos hemisferios. Leocadia 'firmó el sobre,°   signed the envelope
dejó la pluma encima de la mesilla, se acercó a la ventana enrejada
y leyó. Según° descifraba la misiva aquella, la fresca palidez de   as
su semblante radioso se teñía de púrpura, rápidamente, como si
millares de manos la abofeteasen° a la vez: "Sal esta noche a la ca-   were slapping
lle; te aguardo en la esquina a las diez con un coche. Cenaremos
juntos. G."

El tono imperativo, el grosero tuteo inmotivado,[13] la precaución de la inicial... Leocadia creyó notar que se abría en su
corazón una fuente, un chorro de agua limpia, amarga, sana,
hervidora,[14] un manantial de indignación, de altivez, de furor, de
desprecio.° Y debía de ser verdad que la fuente manaba, y se des-   contempt
bordaba, pues ya buscaba desahogo por los ojos. Lágrimas gruesas, copiosas, bajaban a apagar el incendio de las mejillas...

'Hizo trizas° el papel; abrió la ventana y al través de la reja   she tore to pieces
lanzó los pedacitos blancos, que revolotearon y fueron a posarse
en las losas de la acera. Después, desabrochándose° lentamente   unclasping
el ciclo de pedrería, lo miró al través de su llanto, lo tiró al suelo
y con sus botitas viejas pisó, volvió a pisar, taconeó, rompió la
argolla, haciendo saltar los brillantes de su engaste° delicado.   setting

---

12 A **continental** is a letter from a public office.

13 **El grosero...** *the rude, unjustified use of the tú form of address* (i.e. because he had not asked her permission to do so).

14 **Hervidora** (sic) is used here to mean boiling.

13
El gemelo° cufflink

L A CONDESA[1] DE NOROÑA, al recibir y leer la apremiante° urgent esquela de invitación, hizo un movimiento de contrariedad. ¡Tanto tiempo que no asistía a las fiestas! Desde la muerte de su esposo: dos años y medio, entre luto y alivio.[2] Parte por tristeza verdadera, parte por comodidad, se había habituado a no salir de noche, a recogerse temprano, a no vestirse y a prescindir° del mundo y sus pompas, concentrándose en el amor do without maternal, en Diego, su adorado hijo único. Sin embargo, no hay regla sin excepción; se trataba de la boda de Carlota, la sobrina predilecta,° la ahijada°... No cabía negarse. favorite, godchild

"Y lo peor es que han adelantado el día," pensó. "Se casan el dieciséis... Estamos a diez... Veremos si mañana Pastiche[3] me saca de este apuro. En una semana bien puede armar sobre raso gris o violeta mis encajes. Yo no exijo muchos perifollos. Con los encajes y mis joyas..."

'Tocó un golpe en el timbre° y, pasados algunos minutos, acu- she rang the bell dió la doncella.

"¿Qué estabas haciendo?" preguntó la condesa, impaciente.

"Ayudaba a Gregorio[4] a buscar una cosa que se le ha perdido al señorito."[5]

"Y ¿qué cosa es esa?"

---

1 Titles of nobility in descending rank are: Duke and Duchess; Marquis and Marchioness; Count and Countess; Viscount and Viscountess; Baron and Baroness; Lord and Lady.

2 During the mourning period—lasting at least one year and typically two—widows retired from society, avoiding public events such as balls, weddings, theatrical or operatic performances, etc.

3 This is the name of her seamstress.

4 This is the name of another servant.

5 **Señorito** refers to the countess's son Diego.

"Un gemelo de los puños. Uno de los de granate° que la seño-   garnet
ra condesa le regaló hace un mes."

"¡'Válgame Dios!° ¡Qué chicos! ¡Perder ya ese gemelo, tan   goodness gracious
precioso y tan original como era! No los hay así en Madrid. ¡Bueno! Ya seguiréis buscando; ahora tráete del armario mayor mis
Chantillíes,[6] los volantes y la berta. No sé en qué estante los habré
colocado. Registra.°"   search

La sirvienta obedeció, no sin hacer a su vez ese involuntario mohín de sorpresa que producen en los criados ya antiguos
en las casas las órdenes inesperadas que indican variación en el
género de vida. Al retirarse la doncella. la dama pasó al amplio
dormitorio y tomó de su *secrétaire*° un llavero, de llaves menudas;   small writing desk
se dirigió a otro mueble, un escritorio-cómoda Imperio, de esos
que al bajar la tapa forman mesa y tienen dentro sólida cajonería,
y lo abrió, diciendo 'entre sí:°   to herself

"Suerte que las he retirado del Banco este invierno... Ya me
temía que saltase algún compromiso."°   commitment

Al introducir la llavecita en uno de los cajones, notó con extrañeza que estaba abierto.°   unlocked

"¿Es posible que yo lo dejase así?" murmuró, casi en voz alta.

Era el primer cajón de la izquierda. La condesa creía haber
colocado en él[7] su gran rama de eglantinas[8] de diamantes. Sólo
encerraba chucherías sin valor, un par de relojes de esmalte, papeles de seda arrugados. La señora, desazonada, turbada, pasó a
reconocer° los restantes cajones. Abiertos estaban todos; dos de   examine
ellos astillados° y destrozada la cerradura. Las manos de la dama   splintered
temblaban; frío sudor humedecía sus sienes. Ya no cabía duda;[9]
faltaban de allí todas las joyas, las hereditarias y las nupciales.
Rama de diamantes, sartas de perlas, collar de chatones, broche
de rubíes y diamantes... ¡Robada! ¡Robada!

Una impresión extraña, conocida de cuantos se han visto en
caso análogo, dominó a la condesa. Por un instante dudó de su
memoria, dudó de la existencia real de los objetos que no veía.

---

6 **Chantillí** is a highly detailed, handmade bobbin lace made of silk. It
usually was colored black for use as mourning wear.

7 **Él** refers to **cajón**.

8 Eglantine, also known as sweet briar, is a pink rose with a white center.

9 **No cabía...** *there was no room for doubt*

Inmediatamente se le impuso el recuerdo preciso, categórico. ¡Si hasta tenía presente que al envolver en papeles de seda y 'algodones en rama° el broche de rubíes, había advertido que parecía sucio, y que era necesario llevarlo al joyero a que lo limpiase! "Pues el mueble estaba bien cerrado por fuera," calculó la señora, en cuyo espíritu se iniciaba ese trabajo de indagatoria que hasta sin querer verificamos ante un delito. "Ladrón de casa. Alguien que entra aquí con libertad a cualquier hora; que aprovecha un descuido° mío para apoderarse de mis llaves; que puede pasarse aquí un rato probándolas... Alguien que sabe como yo misma el sitio en que guardo mis joyas, su valor, mi costumbre de no usarlas en estos últimos años."[10]

   Como rayos de luz dispersos que se reúnen y forman intenso foco, estas observaciones confluyeron en un nombre:

   "¡Lucía!"

   ¡Era ella! No podía ser nadie más. Las sugestiones de la duda y del bien pensar no contrarrestaban la abrumadora° evidencia. Cierto que Lucía llevaba en la casa ocho años de excelente servicio. Hija de honrados arrendadores de la condesa; criada a la sombra de la familia de Noroña, probada estaba su lealtad por asistencia en enfermedades graves de los amos, en que había pasado semanas enteras sin acostarse, velando, entregando su juventud y su salud con la generosidad fácil de la gente humilde. "Pero," discurría la condesa, "cabe ser muy leal, muy dócil, hasta desinteresado..., y ceder un día a la tentación de la codicia, dominadora de los demás instintos. 'Por algo° hay en el mundo llaves, cerrojos, cofres recios; por algo se vigila siempre al pobre cuando la casualidad o las circunstancias le ponen en contacto con los tesoros del rico..." En el cerebro de la condesa, bajo la fuerte impresión del descubrimiento, la imagen de Lucía se transformaba—fenómeno psíquico de los más curiosos. Borrábanse° los rasgos de la criatura buena, sencilla, llena de abnegación, y aparecía una mujer artera, astuta, codiciosa, que aguardaba, acorazada de hipocresía, el momento de extender sus largas uñas y 'arramblar con° cuanto existía en el guardajoyas de su ama...

raw cotton

carelessness

overwhelming

there's a reason that

were erased

carry off

---

10 During the mouning period regular jewelry was put aside in favor of special mourning jewelry made of jet (a black gemstone) or fashioned from the hair of the deceased.

"Por eso se sobresaltó la bribona cuando la mandé traer los encajes," pensó la señora, obedeciendo al instinto humano de explicar en el sentido de la preocupación dominante cualquier hecho.
"Temió que al necesitar los encajes necesitase las joyas también.
¡Ya, ya! Espera, que tendrás 'tu merecido.° No quiero ponerme   what you deserve
con ella 'en dimes y diretes:° si la veo llorar, es fácil que me entre   in an argument
lástima, y si la doy tiempo a pedirme perdón, puedo cometer la
tontería de otorgárselo.° Antes que se me pase la indignación, el   grant it to her
parte."

La dama, trémula, furiosa, sobre la misma tabla de la cómoda-
escritorio trazó con lápiz algunas palabras en una tarjeta, la puso
sobre y dirección,° hirió el timbre dos veces, y cuando Gregorio,   address
el ayuda de cámara, apareció en la puerta, se la entregó.

"Esto, a 'la delegación,° ahora mismo."   the authorities

Sola otra vez, la condesa volvió a fijarse en los cajones.

"Tiene fuerza la ladrona," pensó, al ver los dos que habían
sido abiertos violentamente. "Sin duda, en la prisa, no acertó con
la llavecita propia de cada uno, y los forzó. Como yo salgo tan
poco de casa y me paso la vida en ese gabinete..."

Al sentir los pasos de Lucía. que se acercaba, la indignación
de la condesa precipitó el curso de su sangre, que dio, como suele
decirse, un vuelco. Entró la muchacha trayendo una caja chata
de cartón.

"Trabajo me ha costado hallarlos, señora. Estaban en lo más
alto, entre las colchas de raso y las mantillas."

La señora no respondió al pronto. Respiraba para que su voz
no saliese de la garganta demasiado alterada y ronca. En la boca
revolvía hieles, en la lengua la hormigueaban° insultos. Tenía im-   abounded
pulsos de coger por un brazo a la sirvienta y arrojarla contra la pared. Si la hubiesen quitado el dinero que las joyas valían, no sen-
tiría tanta cólera; pero es que eran joyas de familia, el esplendor
y el decoro de la estirpe..., y el tocarlas, un atentado, un ultraje...°   outrage

Se domina la voz, se sujeta la lengua, se inmovilizan las manos... los ojos, no. La mirada de la condesa buscó, terrible y acu-
sadora, la[11] de Lucía, y la encontró fija, como hipnotizada, en el
mueble-escritorio, abierto aún, con los cajones fuera. En tono de
asombro, de asombro alegre, impremeditado, la doncella excla-

---

11 **La** refers to **mirada**.

mó, acercándose:

"¡Señora! ¡Señora! Ahí..., en ese cajoncito del escritorio... ¡El gemelo que faltaba! ¡El gemelo del señorito Diego!"

La condesa abrió la boca, extendió los brazos, comprendió... sin comprender. Y, rígida, de golpe, cayó hacia atrás, perdido el conocimiento, casi roto el corazón.

14
La enfermera

EL ENFERMO EXHALÓ UNA queja tristísima, revolviéndose en su cama trabajosamente,° y la esposa, que reposaba en un sofá, en el gabinete contiguo a la alcoba, se incorporó de un salto y corrió solícita adonde la llamaba su deber. _laboriously_

El cuadro era interesante. Ella, con rastro de hermosura marchita por las vigilias de la larga asistencia; morena, de negros ojos, rodeados de un halo oscuro, abrillantados por la excitación febril que la consumía—sosteniendo el cuerpo de él, ofreciéndole una cucharada° de la poción que calmaba sus agudos dolores. Escena _spoonful_ de familia, revelación de afectos sagrados, de los que persisten cuando desaparecen el atractivo físico y la ilusión, cebo eterno de la naturaleza al mortal... Sin duda pensó él algo semejante a esto, que se le ocurriría a un espectador contemplando el grupo, y así que hubo absorbido la cucharada, buscó con su mano descarnada y temblorosa 'la de ella,° y al encontrarla, la acercó a los labios en _hers (i.e. hand)_ un movimiento de conmovedora gratitud.

"¿Cómo te sientes ahora?" preguntó ella, arreglando las almohadas a suaves golpecitos.

"Mejor... Hace un instante, no podía más... ¿Cuándo crees tú que Dios se compadecerá de mí?"

"No digas eso, Federico," murmuró, con ahínco, la enfermera.

"¡Bah!" insistió. "No te preocupes. Lo he oído con estos oídos. Te lo decía ayer el doctor, ahí a la puerta, cuando me creíais amodorrado.° Con modorra se oye... Sí, me alegro. Juana mía. No _drowsy_ me quites la única esperanza. Mientras más pronto[1] se acabe este infierno... No, ¡perdón! Juana: me olvidaba de que a mi lado está un ángel... ¡Ah! ¡Pues si no fuera por ti!"

Muy buena sería Juana, pero lo que es propiamente cara de

---

1 **Mientras más….** _the quicker the better_

99

ángel no la tenía. En su rostro se advertían, por el contrario, rasgos de cierta dureza, una crispación de las comisuras de los labios, algo sombrío en las precoces arrugas de la frente° y, sobre todo, en la mirada. Federico se enterneció al considerar el estrago de aquella belleza de mujer destruida en la lucha con el horrible mal.   forehead

"Juana..." balbuceó. "Me siento ahora un poco tranquilo. Sin duda has forzado la dosis del calmante... No te sobresaltes. ¡Si te lo agradecería! Escucha... Voy a aprovechar esta hora; tengo que decirte... Prométeme que me escucharás sin alterarte, Juana..."

"Federico, no hables; no te fatigues," respondió ella. "No pienses más que en tu salud. Los asuntos, para después: cuando sanes del todo."

"¡Después!" repitió, meditabundo, el enfermo. Su mirada vaga, turbia, se fijó en un punto imaginario del espacio; 'lejos, lejos°..., camino del *después* misterioso hacia donde le arrastraba implacable su destino. "Ahora," insistió. "Ahora o nunca, Juana. No me hará daño, créelo. Estoy seguro de que, al contrario, me hará bien. ¡Si tú sospechases lo que pesa en el corazón un secreto! ¡Si supieses cómo abruma eso de callar a todas horas!"   far, far away

"¿Un secreto?" contestó, como un eco, Juana, inmutándose.

"Por favor, querida..., no te alarmes ya, ni te alborotes luego, cuando te confiese... Prométeme que tendrás serenidad. Siéntate ahí; dame la mano. ¿No? ¡Como quieras!..."

"¿Ves? Te cansas; déjalo, Federico," porfió° Juana, agitada por imperceptible temblor, como si luchase consigo misma.   insisted

"Oye... Nadie mejor que yo conoce lo que me perjudica. Estoy cierto de que hasta para morir más resignado necesito espontanearme, acusarme... Juana, ahora no somos más que un pobre enfermo y la santa que le asiste. El último consuelo te pido; sé indulgente; dime 'por anticipado° que me perdonarás."   in advance

"¡Te perdono... y calla, Federico!" profirió ella, sordamente, en tono colérico, a pesar suyo.

El, realizando sobrehumano esfuerzo, se sentó en la cama, echando fuera el busto, inclinándose hacia su mujer en un transporte° cariñoso y humilde. Era de esos enfermos afinados por el dolor, que dicen y hacen cosas tiernas y desgarradoras y se afanan en excitar los sentimientos de los que los rodean. La emoción profunda de Juana le animó; cruzando las manos con fervorosa   ecstasy súplica, rompió a hablar:

"Me perdonas, me perdonas... Es que no sabes; es que crees que se trata de alguna falta leve. Fue grave; soy muy culpable, y me atormenta pensar que te estoy robando no solo el tiempo y el trabajo que te cuesta cuidarme, sino otra cosa que vale más... Después que lo sepas, ¿me querrás todavía? ¿No me abandonarás, dejándome que muera como un perro?"

Juana 'se puso en pie de un brinco.° El temblor nervioso de su cuerpo se acentuaba. Su voz era ronca, oscura, fúnebre, cuando dijo con aparente irónica frialdad: jumped to her feet

"Ahórrate el trabajo de confesar. Estoy tan enterada casi como tú mismo..."

El enfermo, sobrecogido, se dejó caer sobre la almohada. Sus pupilas se vidriaron sin humedecerse; era el llanto seco, por decirlo así, de los organismos agotados.

"¡Estabas enterada!"

"¿Pues qué creías?" repuso ella, lívida, apretando los dientes, apuñalándole con los ojos.

Federico se cubrió el rostro, aterrado. Acababa de 'desmoronársele dentro° lo único que le sostenía. Creía en el amor de su enfermera; alentaba aún, gracias a tal convicción; y he aquí que las inflexiones de la voz, el gesto, la actitud de Juana acababan de arrebatarle, de súbito, esa divina creencia. El odio se había transparentado en ellos[2] tan sin rebozo, tan impetuoso en su revelación impensada, que la aguda sensación del peligro—del peligro latente, mal definido, acechador—suprimió en aquel instante la noción del remordimiento y atajó la confesión en la garganta.. crumble inside him

"Juana," suspiró, "ven, oye... Mira que no hubo nada. ¡Lo que iba a contarte eran unas tonterías!..."

Ella se acercó. En los carbones por donde miraba brillaban ascuas: su ceño se fruncía trágicamente; las alas° de su nariz palpitaban de furor. Nunca la había visto Federico así: y, sin embargo, era una expresión que se adaptaba bien al carácter de su fisonomía,° o mejor dicho, patentizaba su fisonomía verdadera. El terror del enfermo paralizó hasta su lengua. Por instinto pueril, quiso ocultarse bajo la sábana. nostrils face

"No te escondas," articuló ella, despreciativamente, pisoteán-

---

2 **Ellos** refers to **inflexiones**, **gesto**, and **actitud**.

dole con el acento. "Mira que si te veo tan miedoso,° me re-i-ré   cowardly
de ti. ¿Comprendes? Me re-i-ré. ¡Y es lo único que le faltaba a
mi venganza para consumarse! ¡Reír! ¡La risa! ¡Oh! ¡Cómo te
aborrezco°! Ya no callo más..."   I detest

Federico la miraba extraviado, loco. ¿Tendría pesadilla? ¿Era
ya la muerte, la fea muerte, la condenación, el castigo de ultratumba?° ¿Era la forma que tomaba, para torturarle, su conciencia   beyond the grave
de pecador?

"¡Juana!" tartamudeó. "¿Estoy soñando? ¿Venganza? ¿Me
aborreces?"   .

Ella se aproximó más; acercó su boca a la cara de Federico, y
como filtrándole las palabras al través de la piel, repitió:

"Te aborrezco. Me creíste oveja.° Soy fiera, fiera; oveja, no.   sheep
Me ofendiste, me vendiste, me ultrajaste, torturaste mi alma, me
enloqueciste, me alimentaste con ajenjo y con hiel,[3] ¡y ni aun te
tomaste el trabajo de reconocer que mi juventud se marchitaba
y se ajaba mi hermosura y se torcía mi alma, antes confiada° y   trusting
generosa! Y cuando te sentiste herido de muerte—de muerte, si,
y pronta; ¡lo has acertado!—entonces me llamaste: 'Juana, a ser-
virme de enfermera... Juana, a darme la poción....'"

"¡Y lo hiciste de un modo sublime, Juana!" sollozó él. "¡Y fuis-
te una mártir a mi cabecera! ¡No lo niegues, querida mía! ¡Per-
dóname!"

Juana soltó la carcajada. Era su reír un acceso nervioso; ase-
mejábase a una convulsión, que retorcía sus fibras.

"¡Sí que lo hice!" repitió por fin, dominándose con energía
tremenda. "¡Sí que lo hice! ¡Vaya si te di la poción! Cada día te di
la poción..., ¡que más daño te hiciese! ¡Aquella, y no otra! ¡Ah!
¿No lo sospechabas? ¡Tú sí que has sido engañado! ¡Tú, sí! ¡Tú,
sí!"

Oyéronse toquecitos° en la puerta. La voz respetuosa de un   taps
criado anunció:

"El señor doctor."

Y entró el joven médico, guanteado, afeitado, afable, preguntando desde el umbral:

"¿Cómo sigue el enfermo? ¿Y la incomparable enfermera?"

---

3 **Con ajenjo...** *with wormwood and bile.* Both of these substances are
very bitter.

15
Un duro¹ falso

"**N**O TE VENGAS SIN cobrar, ¿yestú?"² La orden reper-
cutía con martilleo o monótono en la cabeza, redonda y rapada; del aprendiz de obra prima.³ ¿Sin cobrar? De ningún modo. En primer término, le obligaba el punto
de honra, el deseo de acreditar que servía para algo⁴—¡le habían
repetido tantas veces, en tono despreciativo, la afirmación con-
traria!. En segundo, le apremiaba el horror nervioso, profundo, a
la vergüenza del infalible puntillón° del maestro...   kick

¡El maestro! ¡Si Natario, el desmedrado granuja,° fuese ca-   urchin
paz de aquilatar la exactitud de las denominaciones,° sacaría en   titles
limpio que no procedía nombrar maestro a quien nada enseña!
¡Aun sin razonarlo, Natario lo percibía, y 'no podía sufrirlo,° se-   he couldn't bear it
ñores! Había un fondo de amargor en el alma oprimida del chico.
Le faltaba aire de justicia; se sentía ofendido, menospreciado, y
acaso en su propia ofensa, latía la de una colectividad. No daba
a estos sentimientos su verdadero alcance; no era consciente de
ellos. Protesta sorda, oscura, que se exaltaba a fin de mes, cuando
la madre de Natario, asistenta y casi mendiga,° tenía que aflojar   beggar
una peseta por los "derechos" de aprendizaje de su hijo.

"¿Te da labor el señor Romualdo? ¿Aprendes o no? Culpa
tuya será, haragan, flojo, zángano..." ¡Pum!

Y la mano ruda, deformada, de la madre plebeya caía sobre

---

1 On October 19, 1868 the currency of Spain became based on the peseta, which consisted of 100 céntimos. It was informally subdivided into 4
reales worth 25 céntimos each. A denomination of five pesetas was called a
duro (worth 500 céntimos or 20 reales).

2 **¿Yestú?** = ¿Oyes tú?

3 **Aprendiz de...** *craftsman's apprentice*

4 **Acreditar que...** *to prove that he was good for something*

la cabeza pálida y afeitada al rape.[5] Natario se sorbía las lágrimas, se guardaba el golpe—porque no era ignominioso—y volvía al obrador° con más indignación depositada en el pecho. ¿Quién   *workshop* aprende, vamos a ver, si no le ponen tarea; si en vez de confiarle un cacho° de suela remojada para batirla, sólo le dan unas hojas   *piece* de papel con que apremiar a la gente? A él no le encargaban sino que "se llegase" aquí o acullá, a casas situadas en barrios extraviados, a subir pisos y más pisos, para que le despidiesen con el encargo de volver a primeros de mes, cuando hay dinerete fresco... Así rompía Natario su calzado° propio, sin esperanzas de adies-   *footwear* trarse en fabricar el ajeno nunca. Los pares de botas alineados en el mostrador, con sus puntas relucientes, cristalinas a fuerza de restregones de crema "smart";[6] los zapatos de alto taconcito y moño crespo, de seda y abalorio, parecían desdeñar sus afanes de artista. "No nos construirás nunca. Tú, a mal barrer el obrador y a atropellar recados."

Algo semejante a esto le decían los demás oficiales° con sus   *skilled workmen* burlas y chanflonerías. El aprendiz recadero era el hazmerreír,°   *laughingstock* el tema jocoso de las conversaciones. Su huraña tristeza, su aire de persona herida por la suerte, daban larga tela regocijada a los intermedios de la labor,[7] cigarrillo en boca. Le ponían motes efímeros—Papa Natario, el Tranvía—por irrisión de que ignora-ba[8] lo que era subirse a este popularísimo vehículo. Bien podría, como otros golfos, trepar a la plataforma y estarse allí hasta que le corriesen; pero a Natario le dolía, como sabemos, el punto de honra maldecido... En su sangre pobre, de chico escrofuloso[9] y enteco por desnutrición, corría quizá una vena azul cobalto,[10] algo que infunde al espíritu el temple de la altivez y no permi-te exponerse jamás a ser afrentado merecidamente... Sin razón,°   *without case* claro es que aguantaba bochornos y malos tratamientos... ¡Con

---

5   **Afeitada al...** *cropped short to the scalp*
6   Smart Cream is a brand of shoe polish.
7   **Daban larga...** *gave the workers at the inetermediate level a lot to be smug about*
8   **Por irrisión...** *in mockery of him not knowing*
9   Scrofula is a tuberculor skin disease characterized by swollen lymph glands and bluish-purple lesions on the neck.
10   To be blue-blooded meant being of aristocratic descent.

razón, concho,[11] con razón nadie había tenido nada que decirle al hijo de su madre! Y el hervor de aquella indignación consabida se acrecentaba, y sus burbujas subían al cerebro del chiquillo, casi adolescente, alborotando sus primeras pasionalidades. Sus manos se crispaban,° su garganta se contraía. Después, calmado el acceso, recaía en esquiva y pasiva obediencia.

  Le encontramos volviendo al taller,° después de una de sus odiseas de entrega y cobro. ¡Qué rendido venía! Arrastraba los pies. Eran las seis de la tarde, y desde las once, hora en que su madre le había dado unas sopas de corruscos de pan flotando en aguachirle turbia, ningún alimento° confortaba su estómago. Natario conocía el origen de su desconsuelo, del desfallecimiento angustioso que engendraba su cansancio; un mendrugo y una copa de vino lo remediaría... Otros chicos, en las calles que el aprendiz iba recorriendo, extendían la mano, contando cosas muy plañideras, y los señores, sin mirarlos les alargaban perros.[12] "Si tiés[13] hambre, ingéniate como los más,[14]" era la imperiosa instrucción de la madre. Ingeniarse significaba pedir limosna, o... Esto último no acertaba ni a pensarlo. Y lo otro, tampoco: una luz de la conciencia le mostraba que ambos recursos se asemejan, y a veces se confunden. El, Natario, viviría de su sudor, pero con la frente alta[15]..., es un decir,° y lo de la frente alta, una frase que jamás había pronunciado el chico; pero dentro de sí, Natario se hacía superior a la humillación de su inutilidad y pequeñez, con la certidumbre de no ser capaz—ni en trance de muerte[16]—de "ingeniarse como los más," ¡mendigos o rateros°!

  En el bolsillo de su raído pantalón, pesaban los cuartos[17] de la cobranza, seis duros, cuatro pesetas, unos céntimos. Natario, por costumbre, deslizaba la mano frecuentemente, palpando las monedas, con terror de perder alguna, que se escurriese por agujeros°

Margin glosses: would twitch · workshop · food · saying · pickpockets · holes

---

11 **Concho** is used here just as an exclamation.

12 **Perro** here refers to money. A coin worth five céntimos is a perro chico and a coin worth ten céntimos is a perro grande.

13 **Tiés** = tienes

14 **Más** = demás

15 **Con la...** *with his head held high*

16 **Ni en...** *not even at the point of death*

17 **Cuartos** is slang for money. It refers to a type of coin that was in circulation in Spain before the reform of the monetary system.

invisibles del forro. Allí estaban; no se habían evaporado. Natario se detuvo a respirar, 'con el resuello corto° y nublada la vista. Lue-   short of breath
go, de una arrancada desesperada, salvó[18] las tres o cuatro calles que le separaban del establecimiento de su patrono.

"¿Viene la cantidad?" Los ojos encarnizados del zapatero interrogaban severamente.

"Aquí la traigo..." Entre las ansias del sobrealiento y el impulso irresistible de rendir pronto lo que no era suyo, Natario jadeaba.°   was panting
Risas sofocadas salieron del obrador, donde, silbando un tango verde,[19] los compañeros cosían y batían suela. Hacíales gracia lo fatigoso que llegaba el bueno de Tranvía.

"Oye, oye, guasón... ¿qué rediez[20] me trais[21] aquí?" interrogó el patrono, al recontar la entrega. "¿Tú te has creído, sabandija, que voy a tomarte por buena moneda falsa?"

"¿Moneda falsa?" Natario repetía las palabras atónito, sin comprender.

"¡Hazte el tonto![22]... ¡Buen tonto aprovechado estás tú! Te guardas el duro legítimo y me das el de plomo indecente. ¡A ver, venga mi duro, más pronto que la vista!"[23]

Un lloro repentino, un hipo asfixiante, una queja que vibraba furiosa...

"¡Es el que man dao![24] ¡El que man dao!¡No man... dao... otro!"

La diestra nervuda y velluda del patrono descargó un revés en la mejilla macilenta del aprendiz, sofocado por las lágrimas y la rebeldía de su orgullosa° honradez.   proud

"¡Agua va!"[25]

---

18 **De una...** *suddenly inreasing his speed, he made it past*

19 **Un tango...** *a dirty tango.* The tango originated in the lower-class neigborhods of Buenos Aires, Argentina, where it was played and danced in brothels by immigrants, thugs, and gangsters. It became popular in Europe in the early years of the twentieth-century.

20 **Rediez** is an exclamation denoting anger or surprise.

21 **Trais** = traes

22 **¡Házte el...** *oh sure, play dumb!*

23 **Ah ver...** *ok, hand over my duro, and be quick about it*

24 **Man dao** = me han dado

25 **¡Agua va!** *that's a warning to you!* This saying dates back to the early practice of throwing liquid garbage and human waste in the streets before sanitary measures were established in Spain in the 18th-century. The saying was used as a warning to passers-by on the street.

"¡Apúntate esa!"

Eran las voces mofadoras° de los verdaderos aprendices, de   mocking
los que machacaban° el cuero y tiraban del hilo encerado. El esta-   would beat
llido del bofetón, el alboroto de la bronca, los distraían.

"¡Por robar a tu maestro!" exclamó el zapatero violentamen-
te, secundando en el otro carrillo.° Natario no sintió el dolor del   cheek
brutal soplamocos; las muelas le temblaron, pero ni lo advirtió
siquiera. Allá dentro, en el fondo mismo de su ser, algo le dolía
más, con punzadas y latidos intolerables: "Por robar..."

En voz ronca, voz de hombre—que él mismo no conocía, y le
sonaba de extraño modo—lanzó a la cara de su opresor:

"Usté[26] no es mi maestro. ¡Yo no he robao!"[27]

Y una interjección feroz y un conato° de arrojarse al cuello   attempt
de su enemigo... Un conato solamente; porque si Natario aca-
baba de sentir en su espíritu la virilidad que reforzaba su voz, su
cuerpo mezquino° cedió inmediatamente: dos brazos fuertes   puny
le sujetaron, y puños° enérgicos le contundieron, descargando   fists
sobre su pecho canijo, sus flacos hombros, sus espaldas precoz-
mente doblegadas, lluvia de trompicones, mientras un pie recio,
ancho, intentaba partirle la espinilla° con reiterados golpes de los   tiny spine
que hacen ver en el aire lucería de color[28]... El niño, desencajado,
apretando los dientes, reprimía el grito, el ¡ay! del martirizado;
un hilo de sangre brotaba de sus narices° magulladas por un pu-   nostrils
ñetazo certero. El señor Romualdo, embriagándose° con su pro-   becoming drunk
pia ira, repetía:

"¡Ladrón! ¡Estafador! ¡Venga el duro, o a la cárcel!"

Se cansó al fin de pegar, tomó un respiro, soltó al muchacho,
y se sentó, pasándose el revés de la mano por la frente sudorosa.
Natario cayó inerte al suelo; los aprendices ya no reían; uno se
levantó, y con el agua de remojar[29] le roció las sienes. El chico
abrió los ojos, se incorporó, tambaleándose, y con la cabeza baja
se acercó al banco 'más próximo.° Disimuladamente asió una he-   closest
rramienta° afilada, una cuchilla de cortar suela, y volviendo hacia   tool
el maestro, que resoplaba en su silla, refunfuñando todavía para

---

26 **Usté** = usted
27 **Robao** = robado
28 **Hacen ver...** *makes one see stars*
29 **Agua de...** *water used to soak the leather*

reclamar el duro, tiró tajo° redondo, rebanándole mitad del pes-   gash
cuezo,° del cual brotó un surtidor escarlata, mientras el hombre   neck
se derrumbaba sin articular un grito.

16

Salvamento

CAMINO DEL POZO°, CUANDO apenas amanecía, Ramón Luis mascaba hieles.[1] ¡Su mujer, su Rosario, engañarle, afrentarle así! Y no quedaba el consuelo de la incertidumbre. Bien había visto 'al condenado de° Camilo Solines salir por la puerta de la corraliza,° escondiéndose... La sorpresa le quitó la acción, y no le echó al maldito las uñas al pescuezo para ahogarle,° como era su deber. Sí; Ramón sentía, en forma de ley que le obligaba imperiosamente, que era forzoso matar al amante de Rosario. Porque ella..., a ella la quedaban ya en la piel, para escarmiento, buenas señales; pero ¿qué más va a hacer el hombre que tiene cuatro chiquillos, que caben todos debajo de un cesto? No, no; la justicia en él, en el ladrón. Ya le atraparía en el fondo de la mina, por revueltas oscuras, y allí, sin más arma, sin agarrar un cacho de pizarra° siquiera, con los puños... A la primera vaga luz del alba, Ramón se miraba las manos, negras, recias, sin vello, porque se lo había raído el polvillo del carbón, y se le crispaban los dedos rudos al pensar en la garganta delgada de su enemigo. ¡Un chicuelo así, un hijo de perra...; y por él pierde una mujer la vergüenza, se olvida de las criaturas! ¿Y si lo sabían los compañeros?... Mejor, que lo supiesen; ya verían que no se juega con Ramón Luis...

El minero iba retrasado. Cuando penetró en el vasto cobertizo° para recoger su lámpara, una piña° de hombres obstruía el paso. Brotaban del grupo exclamaciones confusas, la angustia de una catástrofe. Preguntó...

"Hundimiento... No se sabe cuántos cogidos... Esperamos al ingeniero°..."

Llegaban mineros corriendo, atropellándose, que subían

pit

that damned

yard

strangle him

slate

shed, cluster

engineer

---

1 **Mascaba hieles** had a bitter taste in his mouth

de galerías° y pozos, al aire de galope del terror, ansiando con-   tunnels
vencerse de que no eran ellos los que se habían quedado abajo.
Tremendo era el desplome; sin duda estaban cegadas° todas las   blocked
galerías del costado sur de la mina, o la mayor parte al menos. El
ingeniero llegaba ya, subido el cuello de la anguarina sobre las
mejillas pálidas de sueño y de frío. Era joven, activo y nervioso, y
dio órdenes terminantes.

"No perder minuto... Empezar por la galería de la izquierda..."

"Allí es fácil que se hayan refugiado," murmuró un capataz°   foreman
viejo. "Pero estarán 'hechos papilla°..., espachurrados por los ma-   ground to a pulp
teriales°..."   equipment

El trabajo de salvamento comenzó algo° desordenado al prin-   somewhat
cipio; después, silencioso, regularizado, metódico. No esperaban;
la fatalidad del hecho los aplastaba a ellos también. Ramón Luis,
distraído, hacía muy poco. El capataz llamó la atención a los de
la brigada.

"¡Eh! '¡Alma, alma ahí!° ¡Acordarse que hay gente dentro!"   put your heart in it

A mediodía empezaron a acudir mujeres y chicos mal trajea-
dos, sucios: la patulea que come del carbón.° Antes de saber si un   coal
trozo de su carne estaba encerrado en los hondones de la tierra,
las hembras lloraban ya a gritos.

"¡A pasar lista!" mandó el ingeniero. "¡A averiguar 'de una vez°   right now
cuántos faltan!..."

Al escuchar la orden, dio un brinco repentino el corazón de
Ramón Luis. ¿Apostamos que el maldito, el que le había puesto
la marca de la vergüenza, era de los enterrados? 'Como que° ahí   because
venía, chancleteando y sollozando la perra de su madre, la Juaneca—la que todos habían zarandeado cuando moza—y repetía
ahogándose:

"¡El mi hijo! ¡Hijo! ¡Hijo de la vida mía!"

¡Ah! Estaba, estaba de seguro en el fondo de la desplomada
galería el bribón, con la cabeza machacada, las piernas rotas, las
costillas hechas cisco...

¡Dios castiga sin palo ni piedra! Y una alegría frenética estremeció al esposo agraviado, que se rió solo como a pesar suyo.
El recuento confirmó su satisfacción: faltaban diecisiete, y entre
ellos Camilo Solines, el minerito, así le llamaban las muchachas.

La madre, arrojándose al suelo, lo arañó, 'cual si° quisiese ras-   as if garlo y libertar a su hijo. Incorporándose luego, se encaró con los trabajadores:

"¡Sacádmelo de ahí! Holgazanes, ¿qué hacéis que 'no caváis° más aprisa? ¿No veis que está ahí sin tener qué comer? ¿Sin gota de agua, mi hijo? ¡Sacadlo, malos cristianos!"

aren't digging

Ramón Luis, involuntariamente, como si las invectivas fuesen sólo con él, empuñó la pala° y apretó en el trabajo. 'De cuando en cuando° pensaba: "Ahí dentro se pudre; duro, que se pudra... Ya estará en los infiernos..." y detrás del minero, la voz de la madre se alzaba, ardiente y furiosa: "Sacádmelo de ahí..." Un impulso hizo volverse a Ramón Luis; quería gritar él también: "Si no vive, si aparecerá estrujado; y si por caso vive, le mato yo, ¿entiendes?" Pero al ver la cara de la madre, sublime de cólera y de amor, el ofendido bajó los ojos... La pala resonó de nuevo hiriendo la tierra, preguntándole: "¿Dónde están?"

shovel

from time to time

Corrieron horas, días. La fiebre de la madre, de aquella loba° defensora de su cachorro, que ni comía ni dormía, sustentada con un buche de aguardiente, se comunicaba a los salvadores. Ramón Luis era el único desanimado. "Están difuntos," decía 'por lo bajo.° "No es necesario romperse los brazos; están difuntos como mi padre." Un rumor acogía sus palabras; un cansancio maquinal se apoderaba de los mineros.

she-wolf

under his breath

Al quinto día, a la hora de anochecer, de las profundidades de la tierra se oyó salir un soplo lejano, débil, lúgubre... La labor se interrumpió: la emoción cortaba el aliento. La madre oía, atónita, hasta que al convencerse de que la mina contestaba, una carcajada de triunfo delirante salió de sus labios:

"¡Ahí está! ¡Me llama! Dice ¡ay mi madre! ¡Mi corazón, mi alma! ¡No te mueras, gloria! ¡Va tu madre a sacarte, rey mío! ¡Aguarda, niño; mi niño! ¡Ahora vas a salir, ahora!"

Y 'de rodillas,° quiso besar las manos de los trabajadores: el más cercano era Ramón Luis; una boca de fuego, unas lágrimas de llama le tocaron. El minero saltó hacia atrás. ¿Vivo° el condenado? ¿No había justicia? Y, sin embargo, agarró la pala...

on her knees

alive

"¡Cavar, cavar!" repetía la Juaneca danzando de júbilo aterrador. "¡Cavar!, mis amigos!"

Y cavaron, cavaron, excitados, redobladas sus fuerzas° por la esperanza, por el quejido 'a cada hora° un poco más perceptible.

efforts

increasingly

Ramón Luis braceaba con arranque soberbio de mocetón fornido, y avanzaba él solo más que otros tres. Creía llevar el odio dentro de su alma, y en realidad llevaba un deseo infinito, ya victorio-
so, de horadar la pared y libertar a los enterrados. "Así que salga,
le deshago con la pala la cabeza..." y cavaba, cavaba infatigable,
rabioso... El ingeniero le alabó y le puso por ejemplo a los demás,
apremiándoles.°   urging them

"¿No oyen gritar dentro socorro? Yo lo oigo perfectamente.
¡Animo!°"   come on

Y los azadones, las palas, los picos, tenían vértigo... Ya se
escuchaba el llamamiento angustioso, como si lo pronunciasen
al lado de los trabajadores. Todos querían ser los primeros que
abriesen el agujero y viesen la cara de los emparedados. Fue Ramón Luis el que lo consiguió... Al boquete practicado por su valiente herramienta se asomó la faz de un espectro, un rostro de
moribundo en la agonía; la madre saltó, apartó a Ramón Luis y
pegó la boca a la cara escuálida de su hijo, balbuceando delirios
gozosos.

Media hora después se había terminado el salvamento: los
cuerpos, casi exánimes, eran conducidos en camillas° al impro-   stretchers
visado hospital, donde se les prodigaban cuidados. Ramón Luis
veía alejarse la procesión de las camillas, y buscaba 'en sí mismo° el   within himself
furor, la rabia, el deseo de muerte, asombrado de no encontrarlos.

¿Dónde estaban?[2] ¿Por qué se habían ido? Su "deber," su "deber" era no parar hasta que los encontrase... Y alzando los hombros emprendió el camino de su casa. Era preciso lavarse, comer,
dormir... El cuerpo no es de hierro, '¡qué demonio!°   what the hell

---

2 The subject of **estaban** is in the previous line: **el furor, la rabia, el
deseo de muerte.**

17
Casi artista

DESPUÉS DE UNA SEMANA de zarandeo,° del Gobierno bustling about
Civil a las oficinas municipales, y de las tabernas al taller donde él trabajaba—es un 'modo de decir°—pre- manner of speaking
guntando a todos y a *todas*, con los ojos como puños y el pañuelo
echado a la cara para esconder el sofoco de la vergüenza, Dolores,
la *Cartera*—apodábanla así por haber sido cartero° su padre—se mailman
retiró a su tugurio° con el alma más triste que el día; y éste[1] era hovel
de los turbios, revueltos y anegruzados de Marineda,[2] en que la
bóveda del cielo parece descender hacia la tierra para aplastarla,
con la indiferencia suprema del hermoso dosel por lo que ocurre
y duele más abajo...

Sentóse en una silleta paticoja[3] y lloró amargamente. No cabía duda que aquel pillo° había embarcado para América. Dinero scoundrel
no tenía; pero ya se sabe que ahora facilitan tales cosas, garanti-
zando desde allá el billete. En Buenos Aires no van a saber que el
carpintero a quien llaman para ejercer su oficio es un borracho
y deja en su tierra obligaciones. La ley dicen que prohíbe que se
embarquen los casados sin permiso de sus mujeres... ¡Sí, fíate en
la ley! Ella, a prohibir, y los tunos, a embarcar... y los señorones y
las autoridades, a 'hacerles la capa°..., ¡y arriba![4] cover it up for them

Bebedor y holgazán, mujeriego, timbista y perdido° como black sheep
era su Frutos, alias *Verderón,*[5] siempre acompañaba y traía a casa

---

1 **Éste** refers to día.

2 **Marineda** is the fictional counterpart of Pardo Bazán's native city of A
Coruña. This city in Spain's northwestern region of Galicia was a major port
for immigration to the Americas.

3 **Silleta paticoja** *stool with one leg smaller than the others*

4 **Arriba** is an exclamation of support.

5 **Verderón** has two meanings: a cockle (two-inch long shellfish with
deep grooves) or a greenfinch (small songbird).

una corteza° de pan... Corteza escasa, reseca, insegura, pero cor-   crust
teza al fin. Por eso—y no por amorosos melindres que la miseria°   poverty
suprime pronto—lloraba Dolores la desaparición, y mientras
corría su llanto, discurría qué hacer para llenar las dos boquitas
ansiosas de los niños.

Acordóse de que allá en tiempos fue pizpireta° aprendiza en   vivacious
un taller que surtía de 'ropa blanca° a un almacén de la calle Ma-   intimate apparel
yor. Casada, había olvidado la aguja,° y ahora, ante la necesidad,   needle
volvía a pensar en su 'dedal de acero° gastado por el uso y sus   steel thimble
tijeras sutiles pendientes de la cintura. 'A boca de noche,° abo-   at nightfall
chornada—¡como si fuera ella quien hubiese hecho el mal!—se
deslizó en el almacén, y en voz baja pidió labor° "para su casa,"   needlework
pues no podía abandonar a las criaturas... La retribución, irriso-
ria: no hay nada peor pagado que "lo blanco"...

Dolores no la discutió. Era la corteza—muy dura, muy men-
guada, eventual—que volvía a su hogar pobre...

Corrió el tiempo. Habitaba hoy la *Cartera* un piso° modesto,   apartment
limpio, con vista al mar; su chico concurría a un colegio;° la pe-   school
queña ayudaba a su madre, entre las oficialas del obrador.° Por-   workshop
que Dolores tenía obrador y oficialas; hacía 'por cuenta propia°   at her own expense
equipos, canastillas,[6] y poseía una clientela de señoras, que iban
personalmente a encargar, probar y charlar su rato. "¡Buena mujer! ¡y muy puntual, y habilísima!" repetían al bajar las escaleras,
despidiéndose todavía, con una sonrisa, de la costurera, que sa-
lía al descansillo,° a murmurar por última vez: "Se hará, señora...   staircase landing
No tenga cuidado... Como guste..."

Así 'se había ganado° la parroquia, por medio de humildades   she had won over
dulces, de discretas confidencias de esas penas domésticas con
que toda hembra simpatiza, y poniendo cuidado exquisito en
entregar la labor deslumbrante de blancura, primorosa° de cosi-   delicately beautiful
do y rematado, espumosa de *valenciennes*,[7] hecha un merengue a
fuerza de esmero. Con la reputación de tantas virtudes obreras
vino el crédito, el desahogo; con el desahogo, el trabajo suave y
halagador, y el cariño intenso del artífice° a la obra perfecta, en la   skilled artisan
cual se recrea y goza antes de enviarla a su destino. En la *Cartera*

---

6 A layette is complete clothing outfit for a newborn baby.

7 This is a famous type of bobbin lace, first made in the French city of
Valenciennes and later in Belgium.

había desaparecido la esposa del carpintero vicioso, chapucero
y zafio, en chancletas y desgreñada, y nacido una pulcra° traba-   neat and tidy
jadora, semiartista, encantada, aun desinteresadamente, con los
lazos de seda crespos y coquetones, los entredoses y calados de
filigrana, las ondulaciones flexibles de la batista[8] y las gracias del
corte,° que señala y realza las líneas del cuerpo femenil. Algo de   cut
la delicadeza de su trabajo se había comunicado a todo su vivir, a
su manera de cuidar a los niños, al claro aseo de sus habitaciones,
a la frugalidad de su mesa. Aunque todavía fresca y apetecible, la
Cartera guardaba su honra con cuidado religioso—no por mira-
mientos al pillo, de quien no se sabía palabra, sino porque esas
cosas estropean la vida y dan mal nombre—y era preciso° que a   necessary
su casa viniesen sin recelo sus parroquianas, las señoras princi-
pales°...   esteemed

Extendida estaba sobre las mesas del obrador una canastilla de hijo de millonario—la más cara y completa que le habían
encargado a la costurera, un poema de incrustaciones, realces y
pliegues—cuando se entró habitanción adelante, entre las risas
fisgonas de las oficialas, un hombre de trazas equívocas. Venía
fumando un pitillo, y al preguntar por "Dolores" y oír que no se
podía hablar con ella—lo cual era un modo de despedirle—soltó
a la vez un terno° y la colilla ardiendo; el terno sólo produjo alar-   swear word
ma en las chiquillas; la colilla, chamuscó° el encaje de Richelieu[9]   singed
de una sábana de cuna.

"¡Soy su marido!" gritó el intruso, "y a cualquier hora *me se*
figura que la podré ver..."

No cabía réplica. Corrieron a avisar a la maestra; se presentó
temblona, y se retiraron a un cuarto, allá dentro. No se sabe lo
que conversarían; acaso el *Verderón* confesase que se hallaba ya
convencido de que también en el Nuevo Continente tienen la
absurda exigencia de que se trabaje, si se ha de ganar la plata°...   money
Lo cierto es que se hizo un convenio: el *Verderón* comería a cuenta de su mujer, y hasta bebería y fumaría, comprometiéndose a
respetar la labor de ella, su negocio, su industria ya fundada, su
arte elegante. Y Frutos prometió.

---

8 Cambric is a lightweight cotton cloth used as a fabric for lace or
needlework.

9 Richelieu lace is a type of cutwork emboidery.

Mas no era el holgazán del escaso número de los que cumplen lo pactado, y su orgullo de varón y dueño tampoco se avenía a aquella dependencia, a aquel papel° accesorio... ¡Vamos, que él tenía derecho a entrar y salir en *su casa* cuándo y cómo se le antojase! ¡Bueno fuera que por cuatro pingos de cuatro señoronas[10] que venían allí se le privase de pasarse horas en el taller requebrando a las oficialas! Y así lo hizo, a pesar del enojo y las protestas de Dolores.

   role

"'Tienes celos,° ¿eh, salada?" preguntábale él, sarcástico.

   you're jealous

"¡Celos!" repetía ella. "Si te gustan las oficialas, llévatelas a todas..., pero fuera de aquí, ¿entiendes?... A un sitio en que tus diversiones no me manchen la labor. ¡Eso no! Eso no te lo aguanto y te lo aviso... ¡No me toca a mis encargos un puerco° como tú!"

   pig

Con la malicia de los borrachos, así que Frutos comprendió que ahí le dolía a su mujer, empezó a meterse con la ropa blanca. Escupía° en el suelo, tiraba los cigarros sin mirar, manoseaba las prendas, se ponía las enaguas[11] bromeando, 'se probaba° los camisones. Naturalmente, cualquier desmán de las oficialas lo disculpaban achacándolo al marido de la señora maestra. Venían ya quejas de clientes, recados agrios: el descrédito que principia... Un día "se perdieron" unos ricos almohadones... Dolores averiguó que estaban empeñados por Frutos para beber.

   he would spit

   he would try on

꩜

Una tarde de exposición de equipo de novia,[12] anunciada hasta en periódicos, el carpintero volvió a su casa chispo° y maligno. La madre de la novia,° la novia y parte de la familia examinaban el ajuar.° Entró el *Verderón,* y su boca hedionda,° de alcohólico, comenzó a disparar 'pullas picantes,° a glosar, en el vocabulario

   drunk

   bride

   trousseau, stinking

   obscenities

---

10   **Por cuatro...** *because of some lousy clothes for those high-and-mighty ladies*

11   A petticoat is an underskirt that is often trimmed or hemmed with lace or ruffles.

12   A bridal trousseau typically included linens and lingerie.

de la taberna, los pantalones[13] y los corsés,[14] las prendas íntimas, floridas de azahar... Cuando las señoras hubieron escapado, desþavoridas° e indignadas, exigiendo el envío inmediato de su ropa y jurando no volver más a tal casa y contárselo a las amigas, Dolores, pálida, tranquila, se plantó ante el esþoso. `terrified`

"Vuelve a hacer lo que hiciste hoy... y sales de aquí y no entras nunca..."

"¿Tú a mí?"[15] rugió el borracho. "¿Tú a mí? Ahora mismo voy a patear esas payaserías que haces... ¿Ves? Las pateo porque 'me da la gana."° `I feel like it`

Y agarrando a puñados las blancuras vaporosas de tela diáfana, orladas de encajes preciosos, las echó al suelo, danzando encima con sus zapatos sucios... Dolores se arrojó sobre él.. La pacífica, la mansa, la sufrida de tantos años se había vuelto leona. Defendía su labor, defendía, no ya la corteza para comer, sino el ideal de hermosura cifrado en la obra. Sus manos arañaron, sus pies magullaron, la vara° de metrar puntilla fue arma terrible... `stick` Apaleado, subyugado, huyó *Verderón* a la antesala y abrió la puerta para evadirse. Todavía allí Dolores le perseguía, y el borracho, tropezando,° rodó la escalera. La cabeza fue a rebotar contra los `tripping` últimos peldaños, de piedra granítica, quedando tendido inerte en el fondo del portal... Su mujer, atónita, no comprendía... ¿Era ella quien había sacudido así? ¿Era ella la que todavía apretaba la vara hecha astillas?.. El chiquillo de una oficiala que subía la aterró... El hombre no se movía, y por su sién corría un hilo de sangre.

---

13 Pantalettes were short, loose-fitting, ladies undergarments that covered each leg separately and were attached at the waist with buttons or laces. They were most often made of white linen fabric decorated with tucks, lace, or embroidery.

14 A woman's corset is a body-shaping undergarment that exaggerates the bust and hips by reducing the waist with stays and lacing. In the 19th-century the stays were typically made of whalebone, and laces were in the back of the garment, requiring the help of a dresser. Through the regular use of a tightly laced corset, women were trained to tolerate pressure that could reduce their natural waist size to as small as 20 inches or less.

15 **Tú a...** *you're talking like that to me?*

18
El disfraz[1]

L A PROFESORA DE PIANO pisó la antesala toda recelosa y encogida. Era su actitud habitual; pero aquel día la exageraba involuntariamente, porque se sentía en falta. Llegaba por lo menos con veinte minutos 'de retraso,° y hubiese querido esconderse tras el repostero[2], que ostentaba los blasones de los Marqueses[3] de la Insula, cuando el criado, patilludo y guapetón, la dijo, con la severidad de los servidores de la casa grande hacia los asalariados humildes:

"La señorita Enriqueta ya aguarda hace un ratito... La señora Marquesa, también..."

No pudiendo meterse bajo tierra, se precipitó... Sus tacones torcidos° golpeaban la alfombra espesa, y al correr, se prendían en el desgarrón interior de la bajera, pasada° de tanto uso. A pique estuvo de caerse, y un espejo del salón que atravesaba para dirigirse al apartado gabinete donde debía de impacientarse su alumna, la envió el reflejo de un semblante ya algo demacrado, y ahora más descompuesto por el terror de perder una plaza° que, con el empleíllo del marido, era el mayor recurso de la familia.

¡Una lección de diez y ocho duros![4] Todos los agujeros se

(margin glosses: late / worn down / worn out / job)

---

1 All three meanings of **disfraz** (disguise, costume, fancy dress) are applicable in this story.

2 A **repostero** is a drape-like hanging that is ornamented with a coat of arms.

3 Titles of nobility in descending rank are: Duke and Duchess; Marquis and Marchioness; Count and Countess; Viscount and Viscountess; Baron and Baroness; Lord and Lady.

4 From October 19, 1868 to January 1, 2002 the currency of Spain was based on the peseta, which consisted of 100 céntimos. It was informally subdivided into 4 reales worth 25 céntimos each. A denomination of five pesetas was called a duro (worth 500 céntimos or 20 reales).

tapaban con ella. Al panadero, al de la tienda de la esquina, al administrador implacable que traía el recibo del piso, se les respondía invariablemente: "La semana que viene... Cuando cobremos la lección de la señorita de la Insula..." Y en la respuesta había cierto inocente orgullo, la satisfacción de enseñar a la hija única y mimada° de unos señores tan encumbrados, que iban a Palacio como a su casa propia, y daban comidas y fiestas a las cuales concurría lo mejor de lo mejor: grandes,⁵ generales, ministros... Y doña Consolación, la maestra, contaba y no acababa de⁶ la gracia de Enriquetita, de la bondad de la señora Marquesa, que la hablaba con tanta sencillez, que la distinguía tanto...

    pampered

Todo era verdad—lo de la sencillez, lo de la distinción—, pero la profesora no por eso se sentía menos achicada° —hasta el extremo de emocionarse—cuando la madre de su alumna, siempre vestida de terciopelo, siempre adornada con fulgurantes joyas, la dirigía la palabra, la hablaba de música... Porque la Marquesa de la Insula, que no sabía ni cuáles eran las notas del pentagrama,° disertaba a veces con verbosidad,⁷ repitiendo lo que oía decir a los entendidos en su platea. Y doña Consolación, sin enterarse de lo que explicaba aquella voz tan suave, a menudo imperiosa en su dulzura, contestaba indistintamente.

    intimidated

    musical staff

"Verdad... Así es... No cabe duda... Tiene razón la señora..."

¡Si por culpa de la tardanza perdiese la lección! ¡Si, al verla entrar, la Marquesa hiciese un gesto de contrariedad, de desagrado! El corazón fatigado de la profesora armaba un ruido de fuelle que la aturdía... Se detuvo para tomar aliento. Y, en el mismo instante, oyó que la llamaban con acento cordial, afectuoso. Era su discípula.

"¡Doña Consola! ¡Doña Consola!" repetía la niña, en el tono del que tiene que dar una noticia alegre. "Venga usted... ¡Hay novedades°!"

    news

"Doña Consola" corrió, no sin grave peligro de enganche y caída. La Marquesa, llena de cortesía, se había levantado, de lo cual protestó la maestra, exclamando:

"¡Por Dios!"

---

5 A grandee is a member of the upper levels of Spanish nobility.
6 **Contaba y...** *couldn't say enough about*
7 **Disertaba a...** *would sometimes speak at length*

La chiquilla 'batía palmas.°   clapped her hands

"Mamá, mamá, díselo pronto!..."

"Dame tiempo..." contestó risueña la madre. "Doña Consolación, figúrese usted que deseamos... Vamos a ver: ¿no tiene usted
muchas ganas de oir *Lohengrin*?"[8]

"Yo..."

La profesora se puso amoratada, que es el modo de ruborizar-
se° de los cardíacos...   blushing

"Yo... *¡Lohengrin!* ¡Ya lo creo, señora!" prorrumpió de súbito,
en involuntaria efusión de un alma que hubiese podido ser artista
si no fuese de madre de familia obligada a ganar el pan de tres chi-
quitines. "¡Ya lo creo! Sólo una vez oí una ópera... ¡y hace tantos
años ya! ¡Y *Lohengrin*! Se dice que lo cantan divinamente..."

"¡Oh! ¡Ese Capinera![9] ¡Y la Stolli! ¡Si es un bordado![10] Bueno; pues se trata de que esta noche tenemos dos asientos..."

El amoratado fue morado oscuro. ¿Estaría soñando? ¿La con-
vidaban al palco? ¿Al palco, con la Marquesa?

"Son dos butacas° que le han enviado a nuestro jefe," prosi-   main floor seats
guió la dama, "y yo no sé por dónde lo ha sabido este diablillo de
Enriqueta, que además ha averiguado que el jefe no quiere aprovechar esas localidades,° ni para sí, ni para su hijo; ¡prefieren irse tickets
a Apolo!...[11] Y ha sido su discípula° de usted quien ha pensado en pupil
seguida..."

"¡Mil gracias, Enriquetita!... ¡Mil gracias, señora!" balbuceó
la maestra, ya recobrada de su primera emoción. "Agradezco tanta bondad, y disfrutaría mucho oyendo la ópera, que no conozco
sino en papeles[12]...; pero ni mi esposo ni yo tenemos ropa..., vamos..., como la que hay que tener para ir a las butacas del Real."[13]

---

8   This is a German opera by the famous composer Richard Wagner. It
frequently was performed at the Teatro Real Opera House in Madrid, including a run (from January 10-March 7, 1909) that coincided with the February
15, 1909 publication of this story.

9   **Capinera** and **la Stolli** (in the next sentence) are fictional names re-
ferring to the male and female lead singers of the opera.

10   **Si es...** *it's a thing of beauty*

11   The Apolo, no longer in existence, was a theater located on Madrid's Calle de Alcalá. It was famous for presenting one-act musical comedies
known as "género chico" zarzuelas.

12   Here **papeles** is used to refer to the musical score of the opera.

13   The Teatro Real, inaugurated in 1850, is located on the Plaza de Ori-

"¡No importa!" gritó Enriqueta, que no renunciaba a su benéfico antojo.° "Mamá le da a usted un vestido bonito... ¿No whim
lo dijiste?" añadió, colgándose del cuello de su madre como un diablillo zalamero, habituado a mandar, "¿No dijiste que aquel vestido que se te quedó antiguo, de seda verde? ¿Y el abrigo de paño, el de color café, que no lo usas? ¿Y ropa de papa, un frac[14] ya antiguo, para el marido de doña Consola?"

"Sí, todo eso es verdad," confirmó la Marquesa. "Y si doña Consolación 'no tiene inconveniente°..." doesn't mind

La profesora no sabía lo que la pasaba. Ignoraba° si era pena, she didn't know
si era gozo, lo que oprimía su corazón enfermo y mal regulado. Pero Enriquetita, tenaz, aferrada al capricho bondadoso y a la diversión de la mascarada, insistía.

"¡Doña Consola! ¡Doña Consolita! Mire usted que lo pasará divinamente.[15] Verá: mandamos un recado a su señor esposo, y le traen en un coche. Usted ya no se va. Les darán de cenar aquí. Toinette les viste..."

"¿También va Toinette a vestir al marido de doña Consolación?" preguntó la Marquesa, contagiada del buen humor de la chiquilla.

"No; quise decir que Toinette la viste a usted, y a su marido le viste Lino, 'el ayuda de cámara° de papá. ¡'Ande usted,° diga que valet; come on
sí!... Luego les tomamos otro coche, ¿no dijiste que se lo tomabas mamá?, y se van ustedes al teatro."

La Marquesa hacía señales de aprobación, y, entretanto, la maestra meditaba... ¡Desnudarse delante de aquella Toinette, la doncella francesa, remilgada y burlona, que vería la ropa interior desaseada, los bajos destrozados, el corsé roto, de pobre dril gris! ¡Mostrar los estigmas de la miseria° sufrida heroicamente, la flo poverty
jedad de las carnes, que olían al sudor enfriado de tantas caminatas hechas a pie, por ahorrarse los diez céntimos del tranvía! ¡Enseñar su faldilla° de barros, con el desgarrón, que no había petticoat
tenido tiempo de remendar! Una vergüenza, una humillación

---

ente, facing the Royal Palace in Madrid. Members of the royal family often have been in attendance during its opera performances.

14 A **frac** is a dress coat worn at the most formal events. It is waist length in the front and has two long tails reaching the knees in the back. It is worn with a white bow tie and waistcoat.

15 **Lo pasará...** *you'll have a divine time*

dolorosa, la impulsaban a gritar: "No, no iré; no me vestirán de
carnaval con la librea° de lujo..." Pero los ojos preciosos, límpidos,   *uniform*
de Enriqueta expresaban tal buena voluntad, tal afectuoso empe-
ño de proporcionar a su profesora, por una noche, los goces de
los privilegiados, que doña Consolación tuvo miedo de negarse a
aquella humorada o gentil travesura. "Pueden quedar desconten-
tos... Puedo perder esta lección de ricos, los diez y ocho duros al
mes, casi tanto como gana Pablo[16] con su empleo..." Y en voz alta,
tartamudeó:

"Pues lo que quiera Enriquetita... Lo que quiera..."

Dos horas después estaba vestida y peinada doña Consola.
Sobre su ropa blanca, perfumada de *foin*,[17] crujía la seda musgo
del traje, antiguo para la elegante Marquesa, en realidad casi de
'última moda,° primorosamente adornado con bordados verde   *latest style*
pálido y rosas en ligera guirnalda; en la cabeza, un lazo 'de len-
tejuela° hacía resaltar el brillo del pelo castaño, rizado con arte.   *sequined*
Las mangas de la almilla° de algodón habían estorbado, porque   *undershirt*
la manga del traje terminaba en el codo;° pero Toinette, con alfi-   *elbow*
leres, lo arregló, y la maestra lucía guantes blancos, largos, que le
hacían la mano chica. Enriqueta bailaba de contento. No hacía
sino contemplar a su profesora y repetir:

"¡Si se ha vuelto tan guapa! ¡Si no parece la de los demás días!"

Bajaban la escalera interior doña Consolación y su consorte, para meterse en el cochecillo, y apenas se atrevían a mirarse;
tan raros se encontraban, él de rigurosa etiqueta,° envarado; ella,   *formal attire*
emperifollada, sintiéndose, en efecto, bonita y 'rejuvenecida dos   *ten years younger*
lustros°... Al arrancar el simón,° el marido murmuró, bajo y como   *hired carriage*
si se recatase:

"¿Sabes que me gustas así?"

Y ella—pensando que al otro día iba a recobrar sus semian-
drajos,° su traje negro, decente y raído, y que la vida continuaría   *ragged clothing*
con los ahogos económicos y físicos, las deudas° y los ataques de   *debts*
sofocación al subir tramos de escaleras—se echó en brazos de él
y 'rompió en sollozos.°   *started sobbing*

---

16   Pablo is Doña Consolación's husband.
17   **Foin** is French for hay. Here it refers to the scent of perfume she is
wearing.

19

Náufragas

ERA LA HORA EN que las grandes capitales adquieren misteriosa belleza. La jornada del trabajo y de la actividad ha concluido; los transeúntes° van despacio por las calles, que el riego[1] de la tarde ha refrescado y ya no encharca. Las luces abren sus ojos claros, pero no es aún de noche; el fresa con tonos amatista del crepúsculo[2] envuelve en neblina sonrosada, transparente y ardorosa las perspectivas monumentales, el final de las grandes vías que el arbolado guarnece de guirnaldas verdes, pálidas al anochecer. La fragancia de las acacias en flor se derrama, sugiriendo ensueños de languidez, de ilusión deliciosa. Oprime un poco el corazón, pero lo exalta. Los coches cruzan más raudos, porque los caballos agradecen el frescor de la 'puesta del sol.° Las mujeres que los[3] ocupan parecen más guapas, reclinadas, tranquilas, difumadas° las facciones por la penumbra o realzadas al entrar en el círculo de claridad de un farol, de una tienda elegante.

Las floristas pasan... Ofrecen su mercancía, y dan gratuitamente lo mejor de ella,[4] el perfume, el color, el regalo de los sentidos.[5]

Ante la tentación floreal, las mujeres hacen un movimiento elocuente de codicia, y si son tan pobres que no pueden contentar el capricho, da pena...

Y esto sucedió a las náufragas, perdidas en el mar madrileño, anegadas casi, con la vista alzada al cielo, con la sensación de caer

pedestrians
sunset
blurred

---

1 In Spain it is common to hose down the streets to keep them clean.

2 **El fresa...** *the strawberry-colored twilight with its amethyst tones* (i.e. reddish pink and purple).

3 **Los** refers to **coches**.

4 **Ella** refers to **mercancía**.

5 The five senses are: smell, sight, hearing, touch, and taste.

al abismo... Madre e hija llevaban un mes largo de residencia en Madrid y vestían aún el luto del padre, que no les había dejado ni para comprarlo.[6] Deudas, eso sí.

¿Cómo podía ser que un hombre sin vicios, tan trabajador, tan de su casa, legase ruina a los suyos? ¡Ah! El inteligente farmacéutico, establecido en una población,° se había empeñado en pagar tributo a la ciencia.   small town

No contento con montar una botica según los últimos adelantos,[7] la surtió de medicamentos raros y costosos: quería que nada de lo reciente faltase allí; quería estar a la última palabra[8]... "¡Qué sofoco si don Opropio, el médico, recetase alguna medicina de éstas de ahora y no la encontrasen en mi establecimiento! ¡Y qué responsabilidad si, por no tener a mano el específico, el enfermo empeora o se muere!"

Y vino todo el formulario alemán y francés, todo, a la humilde botica lugareña... Y fue el desastre. Ni don Opropio recetó tales primores, ni los del pueblo los hubiesen comprado... Se diría que las enfermedades guardan estrecha° relación con el ambiente,   close
y que en los lugares° sólo se padecen males curables con friegas,   villages
flor de malva,[9] sanguijuelas[10] y bizmas.[11] Habladle a un paleto de que se le ha "desmineralizado la sangre" o de que se le han "endurecido las arterias," y, sobre todo, proponedle el radio,° más caro   radium treatment
que el oro y la pedrería... No puede ser; hay enfermedades de pri-

---

6 **Lo** refers to their mourning clothing. Traditionally there were various stages to mourning wear. Full mourning dress was unadorned and made of black dull-surfaced material such as crepe, certain wools, or bombazine (a blend of silk and wool or cotton). Black bonnets and veils were also worn. Gradually (over the course of months or years) the veils became shorter, and lusher fabrics, albeit still back, were allowed. Finally, the veils were dispensed with, and subdued colors such as mauve, purple, or grey were used as trims and decorations on the dresses and bonnets.

7 **Adelantos** *advances in medical science*

8 **Estar a...** *to be completely up to date*

9 The various parts of the mallow plant were commonly used in country remedies for ailments of the chest and digestive system.

10 Leeches were popularly used in the 19th-century to bleed patients as a treatment for a wide variety of illnesses.

11 A poultice is a soft moist paste made of chopped or ground plant material and applied externally to the body.

mera y de tercera,[12] padecimientos° de ricos y de pobretes... Y el — sufferings
boticario se murió de la más vulgar ictericia, al verse arruinado,
sin que le valiesen sus remedios novísimas, dejando en la miseria° — poverty
a una mujer y dos criaturas... La botica y los medicamentos apenas saldaron los créditos pendientes,[13] y las náufragas, en parte
humilladas por el desastre y en parte soliviantadas por ideas fantásticas, con el producto de la venta de su modesto ajuar casero,
se trasladaron a la corte[14]...

Los primeros días anduvieron embobadas. ¡Qué Madrid,
qué magnificencia! ¡Qué grandeza, cuánto señorío°! El dinero — majesty
en Madrid debe de ser muy fácil de ganar... ¡Tanta tienda! ¡Tanto
coche! ¡Tanto café! ¡Tanto teatro! ¡Tanto rumbo! Aquí nadie se
morirá de hambre; aquí todo el mundo encontrará colocación°... — employment
No será cuestión sino de abrir la boca y decir: "A esto he resuelto
dedicarme, sépase... A ver, tanto quiero ganar..."

Ellas tenían su combinación muy bien arreglada,[15] muy sencilla. La madre entraría en una casa formal, decente, de señores
verdaderos, para ejercer las funciones de ama de llaves,[16] propias
de una persona seria y "de respeto;" porque eso sí, todo antes que
perder la dignidad de gente nacida en pañales limpios, de familia
"distinguida," de médicos y farmacéuticos, que no son gañanes...
La hija mayor se pondría también a servir, pero entendámonos;
donde la trataran como corresponde a una señorita 'de educación,° — well-mannered
donde no corriese ningún peligro su honra, y donde hasta, 'si a
mano viene,° sus amas la mirasen como a una amiga y estuviesen — perhaps
con ella mano a mano[17]... ¿Quién sabe? Si daba con buenas almas,
sería una hija más... Regularmente no la pondrían a comer con
los otros sirvientes... Comería aparte, en su mesita muy limpia...
En cuanto a la hija menor, de diez años, ¡bah! Nada más natural;
la meterían en uno de esos colegios° gratuitos[18] que hay, donde — schools

---

12 **De primera...** *first class and third class*
13 **Apenas saldaron...** *barely settled the outstanding bills*
14 La **corte** was commonly used to refer to Madrid.
15 **Ellas tenía...** *they had it all figured out*
16 An **ama de llaves** was the housekeeper in charge of the other domes-
tic servants of a household.
17 **Estuviesen con...** *they would treat her as an equal*
18 The Ley de instrucción pública de 9 de septiembre de 1857 (known
as the Ley Moyano) established free primary education for children of both

las educan muy bien y no cuestan a los padres un céntimo[19]... '¡Ya lo creo!° Todo esto lo traían discurrido[20] desde el punto en que emprendieron el viaje a la corte... — of course

Sintieron gran sorpresa al notar que las cosas no iban tan rodadas[21]... No sólo no iban rodadas, sino que, ¡ay! parecían embrollarse,° embrollarse pícaramente... Al principio, dos o tres amigos del padre prometieron ocuparse, recomendar... Al recordarles el ofrecimiento, respondieron con moratorias, con vagas palabras alarmantes... "Es muy difícil... 'Es el demonio[22]... No se encuentran casas a propósito... Lo de esos colegios anda muy buscado[23]... No hay ni trabajo para fuera... Todo está malo... Madrid se ha puesto imposible..." — getting complicated

Aquellos amigos–aquellos conocidos indiferentes–tenían, naturalmente, sus asuntos, que les importaban sobre los ajenos... Y después, ¡vaya usted a colocar a tres hembras que quieren acomodo bueno, amos formales, piñones mondados![24] Dos lugareñas, que no saben de la misa la media,[25] que no han servido nunca... Muy honradas, sí...; pero con toda honradez, ¿qué?° vale más tener gracia, saber desenredarse[26]... — so what

Uno de los amigos preguntó a la mamá, al descuido:

"¿No sabe la niña alguna cancioncilla? ¿No baila? ¿No toca la guitarra?"

Y como la madre se escandalizase, advirtió:

"No se asuste, doña María... A veces, en los pueblos, las muchachas aprenden de estas cosas... Los barberos son profesores... Conocí yo a uno..."

Transcurrida otra semana, el mismo amigo–droguero 'por

---

sexes whose parents could not afford to pay for private instruction. The schools for boys, however, far outnumbered those for girls. The teachers, who received low salaries, often held another job (secretary, priest, barber, etc.) as well.

19 A **céntimo** is the smallest monetary unit.
20 **Todo esto...** *they had it all planned out*
21 **Las cosas...** *things didn't fall into place*
22 **Es muy...** *it's very difficult, devilishly so*
23 **Lo de...** *a school can't be found*
24 **Piñones mondados**   *shelled pine nuts* (i.e. excessive and picky demands)
25 **Que no saben...** *who don't know anything*
26 **Desenredarse** *to get themselves out of their own difficulties*

más señas°–vino a ver a las dos ya atribuladas mujeres en su tras-
conejada casa de huéspedes, donde empezaban a atrasarse lamentablemente en el pago de la fementida cama y del cocido[27] chirle...
Y previos bastantes circunloquios, les dio la noticia de que había
una colocación. Sí, lo que se dice una colocación para la muchacha.

"No crean ustedes que es de despreciar, al contrario... Muy
buena... Muchas propinas.° Tal vez un duro[28] diario de propinas,
o más... Si la niña se esmera..., más, de fijo. Únicamente..., no sé...
si ustedes... Tal vez prefiriesen otra 'clase de servicio°, ¿eh? Lo
que ocurre es que ese otro... no se encuentra. En las casas dicen:
'Queremos una chica 'ya fogueada°. No nos gusta domar potros.'
Y aquí puede foguearse. Puede..."

"¿Y qué colocación es esa?" preguntaron con igual afán madre
e hija.

"Es..., es... frente a mi establecimiento... En la famosa cervecería. Un servicio que apenas es servicio... Todo lo hacen mujeres[29].
Allí vería yo a la niña con frecuencia, porque voy por las tardes a
entretener un rato. Hay música, hay cante... Es precioso."

Las náufragas se miraron... Casi comprendían.

"Muchas gracias... Mi niña... 'no sirve° para eso," protestó el
burgués° recato de la madre.

"No, no; cualquier cosa; pero eso, no," declaró a su vez la muchacha, encendida.°

Se separaron. Era la hora deliciosa del anochecer. Llevaban
los ojos como puños[30]. Madrid les parecía–con su lujo, con su
radiante alegría de primavera–un desierto cruel, una soledad
donde las fieras rondan.° Tropezarse con la florista animó por un
instante el rostro enflaquecido de la joven lugareña.

"¡Mamá!, ¡rosas!" exclamó en un impulso infantil.

---

27 **Cocido** is a typical Madrid dish consisting of boiled meats, sausage,
garbanzo beans and cabbage. The broth in which it is boiled is served as the
first course.

28 From October 19, 1868 to January 1, 2002 the currency of Spain was
based on the peseta, which consisted of 100 céntimos. It was informally subdivided into 4 reales worth 25 céntimos each. A denomination of five pesetas
was called a **duro** (worth 500 céntimos or 20 reales).

29 **Todo lo...** *it's all done by women*

30 **Llevaban los...** *their eyes were like fists* (i.e. swollen)

Margin glosses:
more specifically
tips
type of work
with experience
is not suitable
middle-class
blushing
prowl

"¡Tuviéramos° pan para tu hermanita!" sollozó casi la madre.   *if only we had*

Y callaron... Agachando la cabeza, se recogieron a su mezquino hostal.

Una escena las aguardaba. La patrona no era lo que se dice
una mujer sin entrañas; al principio había tenido paciencia. Se
interesaba por[31] las enlutadas, por la niña, dulce y cariñosa, que,
siempre esperando el "colegio gratuito," no se desdeñaba de ayudar en la cocina fregando platos, rompiéndolos y cepillando la
ropa de los huéspedes que pagaban 'al contado.° Sólo que todo   *in cash*
tiene su límite, y tres bocas son muchas bocas para mantenidas,
manténganse como se mantengan. Doña Marciala, la patrona, no
era tampoco Rothschild[32] para seguir 'a ciegas° los impulsos de   *blindly*
su buen corazón. Al ver llegar a las lugareñas e instalarse ante la
mesa, esperando el menguado cocido y la sopa de fideos, despa-
chó a la fámula° con un recado: *servant girl*

"Dice doña Marciala que hagan el favor de ir a su cuarto."

"¿Qué ocurre?"

"No sé..."

Ocurría que "aquello no podía continuar así;" que o daban,
por lo menos, algo a cuenta,[33] o 'valía más,° "hijas mías," despe-   *it would be better*
jar... Ella, 'aquel día precisamente,° tenía que pagar al panade-   *that very day*
ro, al ultramarino. ¡No se había visto en mala sofocación por la
mañana![34] Dos tíos° brutos, unos animales, alzando la voz y es-   *guys*
cupiendo palabrotas° en la antesala, amenazando embargar° los   *swear words, seize*
muebles si no se les daba su dinero, poniéndola de tramposa° que   *swindler*
no había por dónde agarrarla,[35] a ella, doña Marciala Garcerán,
una señora toda la vida. "Hijas," era preciso hacerse cargo. El que
vive de un trabajo diario no puede 'dar de comer a los demás;°   *feed others*
bastante hará si come él. Los tiempos están terribles. Y lo sentía
mucho, lo sentía en el alma...; pero se había concluido. No se les

---

31 **Se interesaba...** *she took an interest in*

32 Nathan Mayer Rothschild founded a highly successful investment
bank company in London in 1811 that dominated the international bond market for much of the 19th-century.

33 **Algo a...** *something toward what they owe*

34 **No se...** *it was quite an embarrassing and disturbing morning for her*

35 **Poniéndola una...** *calling her a swindler and a slippery character*

podía adelantar más.[36] Aquella noche, bueno, no se dijera,[37] tendrían su cena...; pero al otro día, o pagar siquiera algo, o buscar otro hospedaje...

Hubo lágrimas, lamentos, un conato de síncope° en la chica mayor... Las náufragas se veían navegando por las calles, sin techo, sin pan. El recurso fue llevar a la prendería° los restos del pasado: reloj de oro del padre, unas alhajuelas° de la madre. El importe a doña Marciala..., y aún quedaban debiendo.

    °fainting spell
    °pawn shop
    °trinkets

"Hijas, bueno, algo es algo... Por quince días no las apuro... He pagado a esos zulúes... Pero vayan pensando en remediarse, porque si no... Qué quieren ustés,[38] este Madrid está por las nubes[39]..."

Y echaron a trotar, a llamar a puertas cerradas, que no se abrieron, a leer anuncios, a ofrecerse hasta a las señoras que pasaban, preguntándoles en tono insinuante y humilde:

"¿No sabe usted una casa donde necesiten servicio? Pero servicio especial, una persona decente, que ha estado en buena posición..., para ama de llaves... o para acompañar señoritas..."

Encogimiento de hombros, vagos murmurios, distraída petición de señas, y hasta repulsas duras, secas, despreciativas... Las náufragas se miraron. La hija agachaba la cabeza. Un mismo pensamiento se ocultaban. Una complicidad, sordamente, las unía. 'Era visto que° ser honrado, muy honrado, no vale de nada. Si su padre, 'Dios le tuviere en descanso,° hubiera sido *como otros*..., no se verían ellas así, entre olas, hundiéndose° hasta el cuello ya...

    °it was obvious that
    °may he rest in peace
    °sinking

Una tarde pasaron por delante de la droguería ¡Debía tener peto el droguero! Quién como él![40]

"¿Por qué no entramos?" arriesgó la madre.

"Vamos a ver... Si nos vuelve a hablar de la colocación..." balbució la hija. Y, con un gesto doloroso, añadió:

"En todas partes se puede ser buena..."

---

36 **Adelantar más** *advance any more credit*
37 **Bueno, no se...** *well, it goes without saying*
38 **Ustés** = ustedes
39 **Está por...** *is sky high* (i.e. is very expensive)
40 **Debía tener...** *the druggist had some nerve, a man like that*

20
En coche-cama

A PESAR DE LO que voy a referir,° mi amigo Braulio Romero es hombre que tiene demostrado su valor. Ha dado de
él[1] pruebas reiteradas y públicas, no sólo en varios y serios
lances,° que le acarreó su puesto de gerente de un periódico agresivo, sino en la campaña de Cuba,[2] en que anduvo como corresponsal siendo muy joven. Y, sin embargo, lo que me refirió una
tarde que paseábamos por el umbroso parque de un balneario, ya
lleno de soledad y de hojas secas de plátano, aplastadas sobre la
arena—porque esto pasaba 'muy entrado el otoño°—es de esos
casos de insuperable miedo, que aniquilan momentáneamente
la voluntad y hasta cohíben° la inteligencia, por clara que nos la
haya dado Dios. Y Romero la tenía despierta y brillante, y, según
queda dicho, el corazón bien colgado, sin sombra de apocamiento. Pero las circunstancias disponen....

"Hay una hora en que nadie deja de sentir el frío del terror,"
repetía él como si quisiere excusarse, más ante sí mismo que ante
mí. "¡Y el terror es cosa muy mala! Bajo su influjo, parece que se
trastornan° y confunden todas las nociones de lo real. Un peligro
es un peligro, y conociendo su extensión, lo arrostramos con el
alma serena; el terror, en cambio, cuando no se razona, 'nos echa
a pique.° Y lo peor no es que nos quite la facultad de discurrir y
de luchar; lo peor es que nos hace dudar de nosotros mismos para
toda la vida. Desde aquel lance, yo he perdido la fe que tenía en
un individuo para mí antes muy interesante, que se llama Braulio

°narrate

°difficult situation

°well into autumn

°curb

°turn upside down

°sinks us

---

1 **Él** refers to **valor**.
2 In October 1868 Cuba declared independence from Spain, thereby
beginning the Guerra de los Diez Años. It was the first of three liberation
wars that Cuba fought against Spain, the others being the Guerra Chiquita
(1879-1880) and the Cuban War of Independence (1895-1898), which eventu-
ally escalated to become the Spanish-American War.

Romero, y a quien ya considero un fantoche..."

Decía esto Romero en tono que quería ser festivo y no lo conseguía; y, a la luz del sol, moribundo, veía yo en su cara enjuta° y
gris, que rayaba de negror el bigote teñido° (debilidad también
esto del tinte, en que muchos incurren), huellas hondas de fatiga
orgánica de padecimientos físicos y decadencias morales positivas. Creció mi deseo de saber a qué suceso se debía el bajón° (tristísima palabra) de aquel luchador incansable. thin and dry
dyed

sharp decline

"Fue," refirió al fin, "una historia de *sleeping* y es la primera vez
que la cuento tal cual ocurrió, es decir, tal cual ocurrió dentro
de mí; lo externo del caso apenas es nada, y, además, apenas se
enteró nadie. Y crea usted que yo tampoco me hubiese debido
enterar; es decir, que no debí darle al asunto más importancia de
la de un episodio de viaje, desagradable, sí, pero que a los tres días
se olvida completamente...

Volvía yo una de tantas veces de París a Madrid. Instalado
en mi *cabine,* después de haber cenado muy medianamente, entre sacudidas° del tren en el restorán,° dedicábame a fumar con
sosiego una panetela, y (los menores detalles se imprimen en la
memoria cuando van a suceder cosas impresionantes) recuerdo
que me encontré sin fósforos,° y llamé al *contrôleur* para que me
los diese. Por más que apreté el timbre, no contestó: sin duda, a
su turno se había ido a comer. shakes, dining car

matches

Era la estación en que apenas se viaja, y el tren, aunque no vacío, no llevaba exceso de gente. Lo noté, porque queriendo pedir
una cerilla° a algún compañero de viaje, observé que eran pocos, y
señoras y niños, que no podría concederme tan insignificante favor. De pronto, y sin que me diese cuenta de cómo[3] había aparecido, vi a un hombre muy alto, enfundado en un abrigo semejante a
los que se usan para automóvil, y calada una gorra a cuarterones y
cuadros,[4] de traza británica. No se distinguían sus facciones: sus
ojos, ardientes y fijos, destellaban bajo la visera. match

Llenando con su corpulencia el estrecho pasillo,° el hombre
se dirigía hacia mi *cabine,* como si fuese a entrar. No sé por qué,
instintivamente, me coloqué ante la puerta. En viaje se defiende la independencia como se puede. Pero no me valió. Con un corridor

---

3 **Sin que...** *without my realizing how*
4 **A cuarterones...** *with a checkered pattern*

pardon entre irónico y resuelto, el viajero se coló y se sentó, dejando sobre la banqueta un saco de cuero, crujiente, que parecía acabado de estrenar. Lo abrió despacio y sacó de él un revólver de níquel, chiquito. Pareció examinarlo con atención, y al cabo, lentamente, lo deslizó en el bolsillo del abrigo, y cerró el saco.

En el mismo instante pasó el *contrôleur,* y le pregunté, con un comienzo de ansiedad:

'Este señor, ¿tiene el otro asiento de mi *cabine*?'

'Sí, señor,' contestó. 'Lo tiene.'

'¿Y cómo es,' insistí, 'que no le he visto en todo el camino° hasta ese momento?'   journey

'Yo creo,' murmuró el empleado en el mismo tono confidencial, 'que se habrá subido en alguna estación y habrá ido derecho°   straight
al restorán, en la segunda tanda°. Como el señor comió en la pri-   meal seating
mera, por eso no le vio.'

Era la explicación satisfactoria, los hechos vulgares,° y con   commonplace
todo eso, no pude disipar la sombra que había proyectado en mí la aparición del viajero alto, cuya compañía estaba condenado a sufrir toda la noche. ¿Ha oído usted hablar de una cosa que se llama el *shock psíquico*? No sé cómo traducirlo al lenguaje común; pero diré que lo experimenté° en aquel instante; que se me des-   experienced
quició° el alma. Y, vencido antes de combatir, supliqué al *contrô-*   unhinged
leur, sin decidirme a descubrir° mi vergüenza: reveal

'¿No me puede usted mudar de *cabine? ¿*No habrá una en que pueda ir solo yo?'

'Ahora no, señor,' contestó aquel hombre, deseoso de complacer, en espera de una propina. 'A menos que alguno se quedase en el camino... Estaré a la mira...⁵'

Abochornado,° murmuré: embarrassed

'Bueno; es igual⁶... Un capricho... No tengo empeño...'

Parecíame que la mirada del modesto empleado se fijaba irónica en mí; y no era cierto; lo que sucedía es que yo, seguro ya de mi derrota, creía leerla en la cara de los demás. A no ser por⁷ esta aprensión, realizaría lo que se me estaba pasando por la cabeza: no entrar en la *cabine;* sentarme en la banqueta del pasillo...

---

5 **Estaré a...** *I'll be on the lookout*

6 **Es igual...** *it's al the same to me*

7 **A no...** *if it were not for*

Al fin, vacilando, opté por entrar en el recinto estrecho y enjaularme con el hombre desconocido, mudo como una esfinge,[8] groseramente calada la gorra, sombrío, amenazador....

Amenazador, ¿por qué? Me dirigí esta pregunta, reaccionando un poco, tratando de recobrar el equilibrio. ¿'De qué índole la amenaza°? Aquel individuo, no había razón para creer que fuese un loco; y no podía ser mi enemigo, ya que ni me conocía. ¿Un ladrón? Al proponerme la hipótesis, me rezumó el sudor frío de los terrores, no ya indefinidos, sino categóricos. En mi maletilla llevaba yo joyas de alto precio: los solitarios[9] y el colgante° de brillantes y esmeraldas que nuestro amigo el Marqués[10] de R... enviaba a su sobrina como regalo de boda. Sobre cien mil francos[11] habían costado ambas alhajas,° en una elegante joyería de la calle de la Paz. Pero ¿por dónde iba a estar enterado aquel viajero silencioso de tal circunstancia? Era de suponer, para él, que mi maleta sólo contenía utensilios de plata inglesa, ropa blanca, las zapatillas... Y, no obstante, juraría que el taciturno miraba a la maleta de soslayo...[12]

Había que decidirse. El desconocido acababa de mandar secamente al *contrôleur,* en un francés que sonaba a inglés, que le preparase la cama. Hechas las dos de la *cabine,* ocupé la mía. El viajero ya se había agazapado en la de arriba, vestido y calzado. Yo, sin desnudarme tampoco, colgando únicamente mi abrigo y mi sombrero en la percha, me extendí, cerrando antes, con mano temblana, la puerta que nos aislaba, y quedándome 'a solas° con el peligro.

¿Qué peligro? Eso era lo peor: lo ignoraba del todo. 'A medida que° pasaban lentas las horas, ritmadas por el traqueteo del tren, en la oscuridad pues° el viajero había cubierto la luz, me daba a imaginar que tal peligro no existía; que todo era una travesura de mi imaginación... Aquel hombre que dormía encima de mí, cuyo peso parecía agobiarme, aunque ni le oía respirar,

Marginal glosses:
what kind of threat
pendant
gems
alone
as
because

8 In ancient Egyptian mythology a sphinx is a recumbent lioness or lion with a human head. Statues of sphinxes guarded tombs and temples.

9 A solitaire is a precious stone, especially a diamond, set by itself, as in a ring or an earing.

10 Titles of nobility in descending rank are: Duke and Duchess; Marquis and Marchioness; Count and Countess; Viscount and Viscountess; Baron and Baroness; Lord and Lady.

11 The Franc was the monetary unit of France.

12 **De soslayo** out of the corner of his eye

¿quién era? Otro como yo, un señor cualquiera, retraído, callado, que iba buenamente adonde le daba la gana, sin meterse conmigo ni con nadie... Había sacado un revólver un instante. ¿Y quién no lleva revólver consigo? Yo no lo llevaba en esta ocasión; pero generalmente, sí. Era ridículo, era del género bobo impresionarse 'de tal suerte...°, porque yo me oía el golpeteo del corazón, cosa ignominiosa... A cada instante me incorporaba, procurando no hacer ruido, para observar... Y no observaba cosa alguna: silencio absoluto... Por momentos dudaba de que tal compañero existiese, pues no daba ni una vuelta: como si hubiesen acostado allí a un muerto... ¿Y si, en efecto, la muerte, callada...? in that way

Es sabido que los terrores de la noche se calman al amanecer. Como yo en toda ella[13] no hubiese conciliado el sueño ni un segundo, al clarear los cristales me acometió un sopor.° Caí como en negro pozo de olvido. No sé cuánto° duraría el letargo, desquite de la naturaleza exhausta. Al abrir los ojos, tardé en 'darme cuenta de° lo pasado. De súbito, recordé, miré hacia arriba... Vacío el estrecho camastro. Allí no había nadie. ¿Mi maleta? En su sitio... ¡Hasta Madrid, que la abrí, no supe que faltaba de ella[14] el regalo de boda del Marqués de R...!" drowsiness how long realizing

"De modo, ¿que era un ladrón?" pregunté.

"¡Bah!" respondió Romero. "Sí, era un ladrón. Pero si me roba de otro modo y en otro sitio, aunque no soy un ricacho, todo se reduciría a aprontar veinte mil duros...[15] Paciencia. No; lo que me robó aquel hombre era de más valía: la confianza en mí mismo; las mejores prendas de mi ánimo... Me robó el espíritu. ¡Eso sí que no tiene arreglo!"

Calló tristemente, y yo, después de un instante, interrogué con intención:

"¿Se había usted... divertido mucho... en París, antes de ese viaje?"

Comprendió, y repuso, moviendo la cabeza:

"Puede ser, puede ser..."

<hr>

13 **Ella** refers to **noche**.
14 **Ella** refers to **maleta**.
15 From October 19, 1868 to January 1, 2002 the currency of Spain was based on the peseta, which consisted of 100 céntimos. It was informally subdivided into 4 reales worth 25 céntimos each. A denomination of five pesetas was called a **duro** (worth 500 céntimos or 20 reales).

21

Las medias rojas

CUANDO LA RAPAZA° ENTRÓ, cargada con el haz de leña que acababa de merodear en el monte del 'señor amo,° el tío[1] Clodio no levantó la cabeza, entregado a la ocupación° de picar un cigarro, sirviéndose, en vez de navaja, de una uña córnea, color de ámbar[2] oscuro, porque la había tostado el fuego de las apuradas colillas.

°young girl
°landlord
°task

Ildara soltó el peso en tierra y 'se atusó° el cabello, peinado a la moda "de las señoritas" y revuelto por los enganchones de las ramillas que se agarraban a él.[3] Después, con la lentitud de las faenas° aldeanas, preparó el fuego, 'lo prendió,° desgarró las berzas, las echó en el pote negro, en compañía de unas patatas mal troceadas y d unas 'judías asaz secas,° de la cosecha anterior, sin remojar. Al cabo de estas operaciones, tenía el tío Clodio liado su cigarrillo, y lo chupaba desgarbadamente, haciendo en los carrillos dos hoyos como sumideros, grises, entre el azuloso de la descuidada barba.

°smoothed out
°chores, set it ablaze
°dried-up beans

Sin duda la leña estaba húmeda de tanto llover la semana entera, y ardía mal, soltando una humareda acre; pero el labriego no reparaba: al humo, ¡bah!, estaba él bien hecho desde niño. Como Ildara se inclinase para soplar y activar la llama, observó el viejo cosa más insólita:° algo de color vivo, que emergía de las remendadas y encharcadas sayas de la moza... Una pierna robusta, aprisionada en una media roja, de algodón...

°unusual

"¡Ey! ¡Ildara!"

---

1 **Tío** in this story does not mean uncle. Rather, it is a title of respect used toward the elderly.

2 Amber is a fossil tree resin that is classified as a gemstone. Its typical color is yellow-orange-brown.

3 **Él** referes to **cabello**.

"¡Señor padre!"

"¿Qué novidá[4] es esa?"

"¿Cuál novidá?"

"¿Ahora me gastas medias, como la hirmán[5] del abade[6]?"

Incorporóse la muchacha, y la llama, que empezaba a alzar-
se, dorada, lamedora de la negra panza del pote, alumbró su cara
redonda, bonita, de facciones pequeñas, de boca apetecible, de
pupilas claras, golosas de vivir.

"Gasto medias, gasto medias," repitió sin amilanarse. "Y si las
gasto, no se las debo a ninguén."[7]

"Luego° nacen los cuartos[8] en el monte," insistió el tío Clodio   then
con amenazadora sorna.°   sarcasm

"¡No nacen!... Vendí al abade unos huevos, que no dirá menos
él... y con eso merqué° las medias."   I bought

Una luz de ira cruzó por los ojos pequeños, engarzados en
duros párpados, bajo cejas hirsutas, del labrador... Saltó del ban-
co° donde estaba escarranchado, y agarrando a su hija por los   bench
hombros, la zarandeó brutalmente, arrojándola contra la pared,
mientras barbotaba:

"¡Engañosa! ¡engañosa! ¡Cluecas andan las gallinas que no
ponen!"[9]

Ildara, apretando los dientes por no gritar de dolor, se defendía la cara con las manos. Era siempre su temor de mociña guapa
y requebrada, que el padre "la mancase,°" como le había sucedido   would disfigure
a la Mariola, su prima, señalada por su propia madre en la frente
con 'el aro de la criba,° que le desgarró los tejidos. Y 'tanto más°   rim of the sieve, all th
defendía su belleza, hoy que se acercaba el momento de fundar   more

---

4 **Novidá** = novedad

5 **Hirmán** = hermana

6 An abbot is the head of a monastery of monks. Abbots had a reputation for living sumptuously.

7 **Ninguén** = nadie

8 **Cuartos** is slang for money. It refers to a type of coin that was in circulation in Spain before the reform of the monetary system in 1868, at which
time the currency of Spain became based on the peseta (consisting of 4 reales
worth 25 céntimos each).

9 **Cluecas andan...** *broody hens don't lay eggs* (i.e. during the three
weeks that a broody hen sits on her clutch of eggs to incubate them, no new
eggs are produced).

en ella[10] un sueño de porvenir. 'Cumplida la mayor edad,° libre de   having come of age
la autoridad paterna, la esperaba el barco, en cuyas entrañas tanto
de su parroquia y de las parroquias circunvecinas se habían ido
hacia la suerte, hacia lo desconocido de los lejanos países donde el
oro rueda° por las calles y no hay sino bajarse para cogerlo. El pa-   rolls
dre no quería emigrar, cansado de una vida de labor, indiferente
a la esperanza tardía: pues que se quedase él...[11] Ella iría 'sin falta:°   without fail
ya estaba de acuerdo con el *gancho*,[12] que le adelantaba los pesos[13]
para el viaje, y hasta le había dado cinco 'de señal,° de los cuales   earnest money
habían salido las famosas medias... Y el tío Clodio, ladino, sagaz,
adivinador o sabedor, sin dejar de tener acorralada y acosada a la
moza, repetía:

"Ya te cansaste de andar descalza de pie y pierna, como las
mujeres 'de bien,° ¿eh, condenada? ¿Llevó medias alguna vez tu   decent
madre? ¿Peinóse como tú, que siempre estás dale que tienes con
el cacho de espejo?[14] Toma,° para que te acuerdes..."   take this

Y con el cerrado puño hirió primero la cabeza, luego el ros-
tro, apartando las medrosas manecitas,° de forma no alterada aún   little hands
por el trabajo, con que se escudaba Ildara, trémula. El cachete°   punch
más violento cayó sobre un ojo, y la rapaza vio como un cielo
estrellado, miles de puntos brillantes envueltos en una radiación
de intensos coloridos sobre un negro terciopeloso. Luego, el labrador aporreó° la nariz, los carrillos. Fue un instante de furor,   beat
en que sin escrúpulo la hubiese matado, antes que verla marchar,
dejándole a él solo, viudo, casi imposibilitado de cultivar la tierra
que llevaba en arriendo,[15] que fecundó con sudores tantos años,
a la cual[16] profesaba un cariño maquinal, absurdo. Cesó al fin de
pegar; Ildara, aturdida de espanto, ya no chillaba siquiera.

Salió afuera, silenciosa, y en el 'regato próximo° se lavó la   nearby stream

---

10 **Ella** refers to **belleza.**

11 **Pues que...** *well, let him stay there*

12 A **gancho** was a person who recruited emigrants.

13 The **peso** is a coin from the Americas that was worth eight reales.

14 **¿Peinóse como....** *Did she comb herself like you do, always in front of that piece of mirror?*

15 **La tierra...** *the land that he occupied under a lease agreement.* Parcels of land were typically leased out on a long-term basis to peasants who farmed under quasi-feudal conditions.

16 **La cual** refers to **tierra.**

sangre. Un diente bonito, juvenil, le quedó en la mano. Del ojo
lastimado,° no veía.   injured

Como que el médico, consultado tarde y 'de mala gana,° se-   unwillingly
gún es uso° de labriegos, habló de un desprendimiento de la re-   custom
tina, cosa que no entendió la muchacha, pero que consistía... en
quedarse tuerta.

Y nunca más el barco la recibió en sus concavidades para llevarla hacia nuevos horizontes de holganza y lujo. Los que allá
vayan, han de ir sanos, válidos,° y las mujeres, con sus ojos alum-   able-bodied
brando y su dentadura completa...

Spanish-English Glossary

A

abade abbot [21]

abajo below [1]; **arriba o —** more or less [9]

abalorio bead [15]

abatir to become disheartened [1]

abismo abyss [1]

ablandar to soften [2]

abnegación self-sacrifice [7]

abochornar to embarrass [17]

abofetar to slap [12]

abogado lawyer [1]

aborrecer to detest [14]

abrasar to burn [2]

abrigo coat [18]

abrillantar to make glitter, sparkle, or luster [14]

abrir to open [1]; to unlock [13]

abrumador overwhelming [13]

abrumar to overwhelm [9]

abundoso abundant [6]

abur goodbye [12]

acabar to end [1]; to finish [5]; to end up [5]; **— de + infinitive** to have just + verb [10]

acacia a bush with yellow flowers [19]

acaecer to happen [11]

acaloradamente heatedly [11]

acariciar to fondle [7]

acarrear to cause [20]

acaso perhaps [2]

acaudalado wealthy [6]

acceso outburst [9]

acechador lurking [14]

aceite oil [6]

acera sidewalk [2]

acerar to turn into steel [6]

acerca: — de concerning [9]

acercar to approach [1]; to bring or place near [14]

acero steel [17]

acertar to guess right [14]; to be right [15]

achacar to attribute [17]

achacoso sickly [10]

achaque ailment [7]

achicar to feel small or intimidated [18]

acicalar to spruce up [4]

acoger to welcome [16]

acogida welcome [9]

acometer to attack [2]; to overtake [4]

acomodo job [19]

acontecimiento event [1]

acorazar to steel oneself [13]

acordarse to agree [1]; to remember [5]

acorralar to corral [21]

acosar to harass [21]

acostar to put to bed [1]; **—se** to go to bed [1]

acostumbrado customary [3]

acre pungent [21]

acrecentar to increase [3]

acreditar to vouch for [7]

acritud sourness [3]

activar to hasten [9]

acudir to go to [1]; to present oneself [13]; to show up [16]

acuerdo: estar de — to be in agreement [21]

acullá yonder [15]

acurrucar to curl up [2]

acusador accusing [13]

adelantar to move ahead [8]; to advance [19]

adelante in the front [17]

adelanto advance [19]

ademán gesture [1]

además besides [1]; **— de** in addition to [1]

adentro inside [6]; **para sus —s** to oneself [1]

aderezo: — nupcial bridal jewelry [10]

adiestrarse to be trained to become proficient [15]

adivinador one who guesses [21]

adivinar to guess [4]

administrador manager [18]

admitir to accept [10]

adquirir to acquire [2]

advertencia warning [4]

advertir to inform [1]; to notice [2]; to become aware of [3]; to warn [4]; to advise [19]

afán eagerness [7]

afanar to work eagerly [14]

afear to make ugly [3]

afecto affection [3]

afectuoso affectionate [1]

afeitar to shave [1]

aferrar: —se a to cling to [5]

afianzar to prop up [1]

afición fondness [6]

aficionar: — a to develop a liking for [11]

afilado sharp [1]

afinar to perfect [2]; to refine [14]

afligirse to be upset [1]

aflojar to pay [15]

afortunado lucky [4]

afrentar to insult [15]

afuera outside [21]

agachar to bend down [19]

agarrar to grab [2]; to grasp [6]

agasajar to shower attention on [2]

agazapar to crouch [20]

agobiar overwhelm [20]

agolpar to rush [1]; to crowd together [8]

agosto August [6]

agotar to exhaust [7]; to use up [14]

agradar to be pleasing [2]

agradecer to thank [14]; to be thankful for [19]

agraviar to wrong [16]

agraz sour grape juice [3]

agregue to add [3]

agremán embroidery work [11]

agrio disagreeable [17]

agua water [1]

aguachirle watered down cheap wine [15]

aguantar to put up with [1]

aguardar to wait for [2]

aguardiente strong alcoholic beverage [16]

agudo sharp [1]

aguja needle [17]

agujero hole [15]

ahí: por — around here [6]

ahijado godchild [13]

ahínco zeal or eagerness [14]

ahogar to choke or stifle [1]; to strangle [16]; **— se** to drown [6]

ahogo distress [18]

ahondar to dig deeply [10]

ahora now [14]; **— mismo** right away [13]

ahorrar to save [1]

airoso graceful [2]; **salir —** to be successful [4]

aislar to isolate [20]

ajar to tarnish or spoil [14]

ajenjo wormwood [14]

ajeno belonging to another [2]

ajuar bridal trousseau [17]; — **casero** household furnishings [19]

ajustar to adust [3]

ajusticiado executed criminal [4]

ala: de la nariz nostril [3]

alabar to praise [8]; —**se** to boast [6]

alardear: — **de** to boast about [8]

alargar to hand to someone [15]

alba dawn [16]

alborada dawn [5]

alborotar to stir up [1]

alboroto uproar [15]

alborozo jubilation [2]

alcalde mayor [1]

alcance significance [15]; **al** — within reach [7]

alcantarilla sewer [4]

alcoba bedroom [14]

aldea village [7]

aldeano rural or rustic [21]

alegrar to cheer up [9]; —**se** to be glad about [14]

alegre happy [9]

alegría happiness [1]

alejar to remove to a distance [5]; — **se** to move away [11]

alemán German [19]

alençón a type of luxury lace [10]

alentar to breathe [14]

alfiler pin [18]

alfombra rug [18]

algarabía din [1]

algo something [10]; somewhat [16]

algodón cotton [2]; —**es en rama** raw cotton [13]

alhaja gem [20]

alhajuela trinket [19]

aliciente incentive [5]

aliento breath [8]; **cortar el** — to take away one's breath [16]

alimentar to feed [14]

alimento food [15]

alinear to line up [15]

aliviar to make lighter [11]

alivio relief [13]

allá over there [6]

allí there [16]

alma soul [3]

almacén departmetn store [17]

almilla undershirt [18]

almohada pillow [5]

almohadón large pillow [17]

almuerzo lunch [2]

alrededor around [1]

alterar to agitate [14]

altivez haughtiness [12]

alto high [1]; tall [20]

alumbrar to illuminate [2]

alumno student [18]

alzar to raise [1]

ama wet nurse [1]; lady of the house [19]; — **de llaves** housekeeper [19]

amagar to be imminent [6]

amanecer dawn [1]; to dawn [16]

amante lover [16]

amar to love [3]

amargamente bitterly [17]

amargar to make bitter [4]

amargo bitter [3]

amargor bitterness [9]

amargura bitterness [1]

amartelar to fall deeply in love [3]

amatista amethyst (a purple stone) [19]

ambicionar to yearn for [12]

ambiente atmosphere [19]; **medio** — environment [10]

ambos both [1]

amenaza threat [1]

amenazador threatening [6]

amenazar to threaten [1]

amigo friend [1]

amilanarse to become intimidated [21]

amistosa friendly [4]

amo boss [1]

amodorrarse to become drowsy [14]

amontonar to pile up [9]

amor love [3]; — **propio** pride [3]

amoratar to turn blue or purple [3]

amorío romantic relationship [5]

amoroso loving [17]

amparar to protect [1]; to shelter and protect [8]

amparo shelter [2]

amplio roomy [13]

añadir to add [1]

ancho broad or wide [1]

andar to walk [10]

anegar to drown or sink [19]

anegruzado very dark colored [17]

anguarina sleeveless smock [16]

angustia anguish [1]

angustioso anguished [15]

anhelo ardent desire [6]

animar to encourage [1]; to enliven [14]

ánimo courage [2]; **dar** — to encourage [6]

animoso cheerful [2]

aniquilar to annihilate [20]

año year [1]

anochecer to grow dark [16]

anonadamiento depression [1]

ansia yearning [2]; anxiety [10]

ansiar to yearn for [5]

ansiedad anxiety[20]

ansioso eager [17]

ante in the presence of [13]; in front of [17]

anteojos glasses [6]

anterior previous [21]

antes before [1]; beforehand [20]

antesala vestibule [17]

anticipado in advance [14]

antiguo old [1]; ancient [4]

antiparras eyeglasses [9]

antojadizo capricious [3]

antojar to have a notion [4]

antojo whim [18]

antonomasia: por — metaphorically [3]

anuncio advertisement [19]

apacible placid [1]

apagado hushed [1]

apagar to put out [12]

apalear to beat with a stick [11]

aparecer to appear [3]

aparentar simulate [2]

aparente evident [14]

aparición appearance [20]

apariencia appearance [4]; **salvar las** —**s** to keep up appearances [8]

apartar to brush to one side [3]; to separate [4]; to remove [6]

apenas barely [2]; — **si** hardly [3]

aperrear to grow weary or fatigued [2]

apetecible desirable [17]; appetizing [21]

apíñar to crowd together [10]

aplacar to soothe or placate [1]

aplastar to crush [16]

aplazar to postpone [5]

aplicar to apply [1]

aplomado self-assured [5]

apocamiento timidity [20]

apodar to nickname [17]

apoderar: —**se de** to take hold of [7]

aporrear to beat [21]

aposento room [4]

apostar to bet [16]

apoyar to support [1]

apremiante urgent [13]

apremiar to compel [15]; to urge [16]

aprender to learn [2]

aprendiz apprentice [15]

aprendizaje apprenticeship [15]

aprensión apprehension [7]

apresurar to hurry [1]

apretar to hold tight [1]; to squeeze or

press [5]

aprisa quickly [1]

aprobación approval [18]

aprontar to hand over at once [20]

aprovechar to take advantage of [6]; to use profitably [12]

aproximar to bring close to [3]

apuesto handsome [3]

apuñalar to stab [14]

apuntar to take note of [15]

apurar to finish up [1]; to use up [7]; to annoy [19]

apuro difficult situation [13]

aquejar to afflict [1]

aquí here [6]

aquilatar to evaluate [15]

ara altar [1]

arañar to scratch [16]

arañazo scratch or scrape [6]

árbol tree [9]

arbolado shade trees [19]

archivar to archive [7]

arcón large chest [1]

arder to burn [3]

ardid stratagem [7]

ardiente burning [2]

ardor eagerness [1]

ardoroso fervent [11]

arena sand [9]

arenal sandy ground [6]

argentino silvery [4]

argolla hoop or shackle [12]

aristas edge [4]

arma weapon [16]

armar to mount [13]; to create or cause [18]

armario wardrobe [8]

aro hoop [12]; rim [21]

arramblar to carry away [13]

arrancada sudden increase of speed [15]

arrancar to pull out [1]; to extract [9]

arranque outburst [2]

arras token [12]

arrastrar to drag [1]; to pull [2]

arrear to herd [2]

arrebatar to arouse or excite powerfully [2]; to snatch away [14]

arreglar to arrange [1]; to fix [18]

arreglo settling [3]; **tener —** to be mended, fixed, or put straight [20]

arrellanarse to make oneself comfortable [2]

arrendador tenant [13]

arrepentirse to repent [1]; to regret [7]

arriba above [1]; **— o abajo** more or less [9]; **hacia —** upwards [20]

arriendo: llevar en — to occupy under a lease agreement [21]

arriesgar to venture [19]

arrimarse to approach [1]

arrodillar to kneel [10]

arrojar to fling [3]

arrollar to roll up [1]; to wind [2]

arrostrar to face [10]

arroz rice [2]

arruga wrinkle [11]

arrugar to wrinkle [9]

arruinar to destroy [19]

arte: con — artfully [18]

artero wily [13]

articular to pronounce [14]

artífice skilled artisan [17]

asalariado hired worker [18]

asaz very much [21]

asco disgust [1]

ascua glowing ember [14]

asediar to lay siege to [3]

asegurar to tell with assurance [1]; to assure [4]

asemejar to resemble [14]

aseo cleanliness [6]

asesinar to murder [1]

asesino murderer [1]

asestar to deliver a blow [1]; to aim [6]

así in this manner [6]; — **que** as soon as [4]

asiduidad unrelenting [3]; frequency [9]

asiduo assiuous [1]

asiento seat [9]

asignatura course [5]

asilo refuge [9]

asimismo also [4]

asir to grasp [15]

asistencia help [3]; attendance [14]

asistenta a female worker [1]

asistir to serve [1]; to attend [5]

asomar to begin to appear [16]

asombrar to amaze [16]

asombro amazement or astonishment [1]

asombroso amazing or astonishing [3]

ásperamente harshly [11]

astilla splinter [1]

astillar to splinter [13]

astucia cunning [3]

asunto subject matter [1]; affair [19]; subject [20]

asustar to scare [1]

atajar to halt [14]

atar to tie [2]

atarear to busy oneself [10]

atender to pay attention [8]

atentado aggression against a person in authority [13]

aterir to become numb [1]

aterrador terrifying [16]

aterrar to terrify [1]

atestar to stuff full [10]

atezar to make smooth and glossy [11]

atónito astonished [1]

atraer to attract [6]

atragantarse to choke [9]

atrapar to trap [16]

atrás back [1]; **hacia** — backwards [13]

atrasar: —**se** to get behind [19]

atravesar to cross [10]

atreverse to dare [1]

atribular to distress [19]

atropellar to trample [15]; to trample underfoot [16]

aturdir to stun or bewilder [11]; to produce vertigo [18]

atusar to smooth out [21]

audiencia court hearing [1]

auditorio listener [7]

aunque although [4]

ausencia absence [5]

avanzar to advance [16]

avellana hazelnut [8]

avenirse to become reconciled [17]

aventajar to surpass [2]

avergonzarse to be embarrassed or ashamed [2]

averiguar to find out [1]

ávido greedy [1]; keenly interested [6]

avinagrar to make sour [10]

avisar to warn [1]; to inform [4]

ayer yesterday [11]

ayuda: — **de cámara** valet [4]

ayudar to help [1]

azadón hoe [16]

azahar orange blossom [10]

azar hazard [4]

azotar to whip [9]

azote slashes from a whip [12]

azucena white lily [12]

azul blue [1]

azulado bluish [1]

azuloso bluish [21]

B

baboso drooling [2]

bacalao codfish [1]

bahía bay or harbor [6]

bailar to dance [19]

bajar to lower [6]; to decend [17]; —**se** to come down [1]; to stoop down [21]

bajera underskirt [18]

bajo under [4]; underwear [18]

bajón sharp decline [20]

bala bullet [10]

balbucear to stammer [7]

balneario spa [10]

balsa pool [6]

bañar to bathe [5]

banco bench [3]

bandeja tray [3]

baño watering resort [3]; bath [6]

banqueta stool [20]

barandal railing [6]

baratillero peddler [1]

barba beard [12]

barbilla tip of the chin [2]

barbotar to mumble [21]

barco ship [21]

barniz varnish [1]

barrer to sweep [11]

barrio neighborhood [1]

barro mud [18]

bastante sufficient [9]

bastar to be enough [4]

basto rough [2]

bata dressing gown [7]

batir to beat [9]; — **palmas** to clap one's hands [18]

batista cambric [12]

bebedor boozer [17]

beber to drink [1]

beldad beauty [3]

belleza beauty [4]

bello beautiful [3]

bendecir to consecrate [10]

benéfico charitable [18]

bermejo bright red [6]

berrinche tantrum [9]

berta deep lace collar for a woman's dress [13]

berza cabbage [21]

besar to kiss [3]

beso kiss [2]

bienes possessions [11]

bienhechedor benefactor [2]

bigote mustache [10]

billete ticket [2]; note [5]; — **de banco** banknote [8]

birlocho barouche carriage [9]

bizcochada a dessert made with leftover cake and pudding [9]

bizma poultice [19]

blanco white [1]; target [8]

blancura whiteness [17]

blando soft [1]

blanquecino off-white [7]

blasones coat of arms [18]

blonda silk lace [2]

boato ostentatious show of wealth [11]

bobo silly [20]

boca mouth [1]

bocacalle street intersection [2]

bochorno embarrassment [15]

boda wedding [5]

bofetón hard slap on the face [15]

boina beret [2]

bola ball [2]

bollo bun [9]

bolsillo pocket [1]

bombon candy [7]

bonachón easygoing [8]

bondad goodness and kindness [18]

bondadoso kind [18]

bonito pretty [6]

boquete gap [16]

bordado embroidery [18]

bordar to embroider [2]

borde: al — de on the brink of [1]

borracho drunk [17]

borrar to erase [13]

bostezar to yawn [2]

bota boot [12]

botella bottle [1]

botica drugstore [11]

boticario druggist [19]

botón knob or handle [2]

botones bellboy [12]
bóveda dome [17]
bracear to swing one's arms [16]
brasero brazier [9]
bravo rough [6]
brazalete bracelet [10]
brazo arm [1]
breve brief [1]
bribón loafer [1]
brigada team of workmen [16]
brillante diamond [11]
brillar to sparkle [10]
brillo shine [2]; brilliance [3]
brinco small piece of jewlry [1]; jump [2]
brindar to offer [1]
brío spirit or vigor [1]
brioso lively [2]
brisa breeze [2]
broma joke [10]; **en** — jokingly [3]
bromear to joke [7]
bronca quarrel [15]
brotar to burst forth [10]
bruja witch [1]
bruto stupid [9]; rough [19]
buche mouthful [16]
buenamente willingly [20]
bufete lawyer's office [5]
bullicio hustle-bustle [2]
bulto bulky shape [1]
burbuja bubble [1]
burgués middle-class [19]
burla ridicule [8]
burlón mocking [5]
buscar to look for [1]; to search for [14]
butaca main floor seat [18]

C
cabal complete [6]
caballero gentleman [2]
caballo horse [19]
cabecera headboard of a bed [7]

cabellera head of hair [2]
cabello hair [11]
caber to fit [1]; to be possible [13]; **no — duda** to be no doubt [17]
cabeza head [1]
cabezada nod [2]
cabizbajo crestfallen [11]
cabo: al — in the end [1]; finally [20]
cacareador cackling [1]
cacarear to boast about [4]
cachete plump cheek [2]; punch [21]
cachivache odds and ends [4]
cacho piece [15]
cachorro cub [16]
cada every [14]; **a — instante** all the time [12]
cadalso scaffold [1]
cadena chain [12]; **de —** imprisonment [1]
cadera hip [2]
caer to fall [1]; to be situated [12]
caída falling [18]
caja box [4]
cajón box [4]; drawer in a piece of furniture [13]
cajonería set of drawers [13]
cal: — y canto stone masonry [1]
calados hemstiching [17]
calar to pull on [20]
calaverada reckless action [8]
calderilla change [2]
calentar to warm up [1]
calificar to classify [7]
callar to stop speaking [11]; to conceal [14]; to be silent [14]
calle street [1]; **— mayor** main street [17]
calloso calloused [11]
calmante sedative [14]
calumniar to slander [6]
calzado footwear [15]
calzar to shoe [2]
cama bed [1]; **— matrimonial** double

bed [1]

cámara: ayuda de — valet [4]

camastro cot [20]

cambiar to change [4]

cambio: en — on the other hand [8]

camilla stretcher [16]

caminata tiring walk [18]

camino road [1]; journey [20]

camisón nightgown [17]

campaña campaign [20]

campo countryside [3]

canastilla hope chest [8]; layette [17]

canción song [19]

cándido naive [9]

candil oil lamp [1]

canijo feeble [15]

canilla very thin leg [2]

cañonazo cannon shot [1]

canoso filled with grey hair [12]

cansado tired [1]

cansancio fatigue [15]

cansar to tire [14]

cantar to sing [6]

cante singing [19]

cantidad sum of money [15]

capa cape [11]; **hacerle a uno la —** to cover up something for someone [17]

capataz foreman [16]

capaz capable [4]

capilla chapel [12]

capital wealth [7]

capota bonnet [2]

capricho whim [3]

caprichoso capricious [3]

capullo cocoon or bud [2]

cara face [1]

carácter personality [3]; character [6]

caramillo: armar un — to spread gossip [6]

carantoña: hacer —s to cajole [2]

carbón charcoal [14]; coal [16]

carcajada boisterous laughter [5]

cárcel jail [15]

cardíaco heart [18]

carencia lacking [2]

carga burden [5]; load [9]

cargamento load [2]

cargar to load [1]; **—se con** to steal [4]

cargo: hacerse — to take charge of the situation [19]

caricia caress [12]

caridad charity [7]

cariño affection [3]

cariñoso affectionate [1]

caritativo charitable [1]

carne meat [1]; flesh [6]

carnicero butcher [1]

caro expensive [7]

carraspear to clear one's throat [1]

carrillo check [15]

carro wagon [9]

carta letter [5]

cartera wallet [2]

cartero mailman [17]

cartón cardboard [13]

casa house [1]; **— de huéspedes** boarding house [19]

casar: —se con to marry [1]

cascabel jingle bell [9]

cascado weak or worn out [9]

casco cranium [6]

casero home-made [9]

casi almost [6]

caso circumstance [4]; case [8]; **hacer —** to take notice of [2]

castaño chestnut brown colored [18]

castigar to punish [1]

castigo punishment [1]

castillo castle [4]

casualidad coincidence [4]

cátarro head cold [9]

catre cot [1]

caudal fortune [1]; wealth [3]

caudillo military leader [4]

cautivo captive [4]
cavar to dig [16]
cazar to hunt [3]
cazuela casserole [1]
cebando to fatten up [9]
cebo bait [3]; lure [14]
ceder to yield [2]
cegar to block up [16]
ceja eyebrow [6]
celador constable [1]
celeste celestial [12]
celo zeal [1]
celos jealousy [7]; **tener — ** to be jealous [17]
celoso jealous [8]
cena dinner [19]
cenar to dine [12]
cendal sheer silk fabric [5]
ceniciento ash-colored [11]
ceñir to gird around [6]
ceniza ash [2]
ceño frown [14]; **fruncir el — ** to frown [2]
centelleante sparkling [12]
centellear to sparkle [9]
céntimo one hundredth of a peseta [2]
centinela sentry [1]
ceñudo frowning [3]
cepillar to brush [19]
cera wax [1]
cerca close [7]
cercano close-by [16]
cerciorarse: — de to make sure [4]
cerdo pig [1]
cerebro brain [1]
cerilla match [20]
cerradura lock [4]
cerrar to close [1]; to lock [13]
cerrojos latch or bolt [13]
certero well-aimed [1]
certidumbre certainty [15]
cervecería beer hall [19]

cesar to cease [3]
cesto basket [16]
chaleco vest [8]
chamuscar to singe [17]
chancero merry [5]
chancleta slipper [17]
chancletear to shuffle [16]
chanflonerías crude remarks [15]
chantillí black silk lace [13]
chanza joke [6]
chapucero shoddy [17]
chaqueta jacket [2]
charla conversation [4]
charlar to chat [2]
charol patent leather [2]
chasco disappointment [2]
chato flat [13]
chatón large precious stone in a setting [13]
**chaveta: perder la — ** to go crazy [5]
chico kid [1]; small [2]; young person [17]
chillar to screech [6]
chillido screech [11]
chirimbolo gadget [7]
chirle tasteless [19]
chirriar to screech [9]
chisme rumor [6]
chismorrear to gossip [11]
chispa diamond chip [11]
chispeante flashing [10]
chispo drunk [17]
chocante shocking [8]
chocar to collide [6]
choque crash [2]
chorro spurt [12]
chuchería trinket [4]
chula a pretty and sassy girl [2]
chupar to suck on [1]
cicatriz scar [3]
ciclo cycle [12]
ciego blind [2]; **a ciegas** blindly [19]
cielo sky [2]; heaven [4]

cien one hundred [9]

ciencia science [7]

cierto certain [1]; true [5]

cierzo cold north wind [12]

cifrar to summarize [17]; — **en** to place one's hopes [6]

cigarro cigarette [1]

cima: por — high above [11]

cimbrear to sway [5]

cimiento foundation [4]

cinco five [11]

cinta ribbon [1]

cinto belt [1]

cintura waist [1]

circunloquio a roundabout way of speaking [19]

circunstante onlooker [2]

circunvecino adjacent [21]

cisco: hacer — smashed to bits [16]

ciudad city [9]

clamar to cry out in protest [1]

clarear to lighten [20]

claridad brightness [4]

claro clear [1]; openly [6]; of course [8]; **a las claras** publicly [3]

clase type [4]

clavar to nail [1]; to fasten [2]

clave key [4]

clueco broody [21]

coartada: probar la — to provide an alibi [1]

cobertizo shed [16]

cobrador fare-collector [2]

cobranza collecting of money [15]

cobrar to collect [9]; charge [11]

cobre copper [2]

cobro collecting money [15]

coche carriage [2]; coach [9]

coche-cama sleeping car [20]

cochero coachman [9]

cocherón large carriage house [2]

cocido boiled meat stew [19]

cocina kitchen [1]

codicia greed [1]; covetousness [12]

codiciar to covet [4]

codicioso greedy [13]

codo elbow [18]

cofre: — **recio** strongbox [13]

coger to catch or grab [1]; to grasp [6]

cohíbir to curb [20]

cojitranco mischievous cripple [11]

colar to squeeze or wriggle through [20]

colcha bedspread [13]

colegio school [6]

cólera anger [3]; rage [16]

colérico bad-tempered [14]

colgante hanging [2]; pendant [20]

colgar to hang [1]

colilla cigarette butt [1]

collar necklace [10]

colmo overflow [9]

colocación employment [19]

colocar to place [8]

colorado red [2]

colorido appearance [4]; coloring [21]

columpiar to swing [2]

comarca region [3]

comedia sham [7]

comedor dining room [1]

comenzar to begin [1]

comer to eat [1]; **dar de** — to feed [19]

comerciante merchant [5]

cometer to commit [13]

cometido assignment [9]

comida food [1]; dinner [18]

comisura: — **de los labios** corner of the mouth [14]

comodidad comfortableness [13]

compadecer to feel sorry for [2]

compañero associate [1]; companion [3]; — **de armas** comrade-in-arms [6]

compartir to share [8]

compasión pity [3]

compasivamente pityingly [1]

compensar to compensate for [4]; to make up for [7]

complacencia satisfaction [2]

complacer to accommodate [20]; — se to take pleasure [11]

cómplice accomplice [9]

complot scheme [4]

componer: —se to dress up [11]

comprar to buy [1]

comprender to understand [2]

comprometer to pledge [17]

compromiso commitment [13]

con with [1]

conato attempt [15]

concavidad hollowness [21]

concebir to imagine [10]

conceder grant [7]

concertar to agree upon [5]

conciencia moral awareness [8]; **cargo de** — sense of guilt [7]

conciliar: — **el sueño** to induce sleep [1]

concluir to come to an end [19]

concreto specific [12]

concurrencia assembly of people [10]

concurrir to attend [17]

concurso crowd [10]

condecoraciones medal [1]

condena: cumplir una condena to serve a jail sentence [1]

condesa countess [3]

conducir to lead [2]; to transport [16]

conferir to award [8]

confiado trusting [14]

confianza trust [1]

confiar to entrust [4]

confidencia information confided to someone [17]

confluir converge [13]

conformar to resign oneself [3]

confundir to mix up [15]

congoja anxiety [1]

conjetura conjecture [6]

conjeturar to conjecture [6]

conmovedor touching [14]

conmovido excited [10]

conocer to know [1]; to perceive [6]; to recognize [15]

conocido acquaintance [19]

conocimiento consciousness [13]

consabido aforementioned [6]

consagrar to devote oneself to [1]

consciente conscious [15]

conseguir to obtain [5]; to get [6]; to achieve [20]; — + **infinitivo** to succeed in + verb [8]

consejo advice [5]

conservación preservation [1]

conservar to keep [4]; to preserve [10]

consiguir to accomplish [16]; — + **infinitivo** to manage to + verb [7]

consorte spouse [18]

construir construct [15]

consuelo relief [14]

consulta consultation [1]

consumar to complete or perfect [14]

consumirse to waste away [5]

contado: al in cash [19]

contagiar to be infected with [18]

contar to count [1]; to tell a story [6]; — **con** to count on [1]

contemplar to look at [2]

contener to hold back [1]; to restrain [3]; to contain [7]

contenido contents [4]

contentar to satisfy [19]

contera: por — to end with [7]

contestar to answer [1]

contextura structure [8]

continental letter from a public office [12]

contra against [2]

contraer to tighten [10]

contrahacer to fake [4]

contrariedad annoyance [13]

contrario: lo — the opposite [4]; **al — on** the contrary [6]

contrarrestar to counteract [13]

contrincante opponent [4]

contundir to batter and bruise [15]

convencer to convince [3]

convenio agreement [12]

convenir to correspond [4]

convidar to invite [1]

conyugal conjugal [8]

copa glass [15]

copioso abundant [12]

coquetería flirtatiousness [2]; flirtation [3]

coqueto flirtatious [6]

corazón heart [1]

corchete clasp [1]

cordura prudence [5]

coresponder to befit [19]

córneo hard and curved [21]

coro chorus [1]

coronar to crown [6]

corraliza yard [16]

correcta proper [10]

correo mail [11]

correr to run [1]; to circulate [4]

corresponder to respond in kind [6]; to belong to [10]

corresponsal correspondent [20]

correteo running about [2]

corriente commonplace [4]

corromper to spoil [4]

corrusco dry crust or broken piece of bread [15]

corsé corset [17]

cortar to cut [1]; **— el aliento** to take away one's breath [16]

corte cut [6]; Madrid [19]; **hacer la —** to woo [6]

cortejar to woo [7]

cortés courteous [10]

corteza crust [1]

cortina curtain [3]

corto short [4]

cosa thing [1]

cosecha harvest [21]

coser to sew [15]

costa: a — de by dint of [4]

costado side [16]

costar to cost [3]

costilla rib [16]

costoso expensive [19]

costumbre custom [3]; **de —** ususally [1]; **de —** as usual [6]; **por —** usually [15]

costurera seamstress [17]

costurón prominant scar [3]

crecer to grow [1]; to become important [11]

creencia belief [14]

creer to believe or think [1]

crepúsculo twilight [19]

crespo curly [15]

crespón crape [5]

creyente believer [4]

criado servant [1]

criar to breastfeed [1]; to raise [11]

criatura baby or small child [1]; creature [7]

criba sieve [21]

crispar to contract or make twitch [14]

cristal window pane [4]; glass [6]; **— de roca** rock crystal [4]

cristalera glass cabinet [4]

Cristo Christ [9]

criterio judgment [8]

cromo colored illustration [5]

crudeza crudeness or coarseness [10]

crujiente crackling [12]

crujir to rustle or crackle [10]

cruzar to cross [1]

cuadro painting [3]; scene [10]; **a —** plaid [20]

cuajar to coagulate [1]

cualquier whatever [19]

cuando when [1]; **de vez en —** from time to time [16]

cuantía importance [6]

cuanto as much as [7]; **en — a** with regard to [5]

cuarentón forty-year-old [2]

cuarta one fourth [4]

cuarto room [1]; quarter [6]; four [15]; **— bajo** downstairs room [1]; **—s** money [15]

cuartucho dingy room [12]

cubierta cover [4]

cubrir to cover [1]

cucharada spoonful [14]

cuchilla knife [15]

cuchillada stab wound [1]

cuchillo knife [1]

cucurucho paper cone [2]

cuello neck [6]; collar [12]

cuenta account [12]; **dar —** to tell [8]; **tener en —** to keep in mind [8]; **— propia** one'e own expense [17]; **a — de** at the expense of [17]; **darse — de** to realize [20]

cuento story [4]; **sin —** beyond number [1]

cuero leather [15]

cuerpo body [1]

cuestíon matter [8]

cuidado care [4]; worry [9]

cuidar to take care of [3]

culpa fault [7]; blame [11]

culpable guilty [1]

culpable to blame [8]

culpado guilty [6]

cumplir to carry out [1]; to fulfill [11]

cuna cradle [9]

cuñado brother-in-law [10]

cúpula dome at the top of a building [10]

cura cure [7]

curandero folk healer [7]

curiosear to snoop [8]

cursar to take courses [5]

curso course [13]

curtir tanned [1]

custodiar to take care of [6]

cutis skin [12]

D

dádiva gift [2]

dama lady [2]

daño injury [6]; harm [7]; **hacer —** to harm [1]

dar: — ánimo to encourage [6]; **— a** to face [10]; **— con** to find [4]; **— cuenta** to tell [8]; **— de comer** to feed [19]; **— de mamar** to breastfeed [1]; **— en** to hit or strike [4]; **— lugar a** to cause [9]; **— pábulo a la murmuración** to encourage gossip [10]; **— pena** to inspire pity [19]; **— suelta** to unleash [3]; **— una vuelta** to turn around [20]; **— un vuelco** to have a sudden jolt [13]; **— vueltas** to go around [1];**—se a** to devote oneself to [20]; **—se cuenta de** to realize [20]

dato fact [10]

debajo: — de underneath [6]

deber to owe [6]; to obligate [7]; obligation [8]; to ought to [8]; to have to [9]; duty [16]; **— de** to must be [18]

débil weak [7]

debilidad weakness [1]

decaer to decline [7]

decente respectable [18]

decir to say or tell [1]; saying [15]

declarar to testify [1]

decoro propriety [3]

decoroso proper [2]

dedal thimble [17]

dedicar to devote [6]

dedillo: saber al — to know by heart [1]

dedo finger [1]

defensor protector [9]

deferente respectful [10]

dejar to leave or let [1]; to leave behind [17]; — **de + infinitive** to stop + present participle [21]

delación accusation [8]

delante de in front [1]

delantero front part [10]

delator denouncing [2]

delegación [13]

delgado thin [3]

delicadeza delicacy [17]

delito crime [8]

demacración emaciation [1]

demacrar to emaciate [2]

demás: lo — the rest [3]

demasiado too much [10]

demonio Devil [19]

demostrar to show [8]

demudar to become suddenly disturbed [8]; **—se** to suddenly change color or expression [7];

denegrecer to darken [3]

denegrir to turn dark [2]

dengoso modest [11]

denominación title [15]

dentadura set of teeth [21]

dentro inside [13]; **— de** within [1]

departamento district [6]; train compartment [10]

deprecio contempt [14]

derecho right [2]; law [5]; straight [20]

derramar to spill [4]

derrota defeat [20]

derrumbar to collapse [15]

desabrido surly [3]

desabrochar unclasp [12]

desafiar to challenge [11]

desafío duel [4]

desaforar to act wildly [2]

desagradable unpleasant [20]

desagrado displeasure [18]

desahogo venting [12]; relief from problems [17]; **vivir con —** to live comfortably [1]

desajuste maladjustment [8]

desaliento discouragement or dismay [1]

desamor lack of love [7]

desanimar to discourage [16]

desaparecer disappear [9]

desaparición disappearance [17]

desarme the laying down of weapons [3]

desarrollar to develop [10]

desasear to make untidy or dirty or slovenly [18]

desazonar to make uneasy [13]

desbaratar to wreck [9]

desbordar to overflow [12]

descalzar to take off shoes [1]

descalzo barefoot [21]

descansar to rest [7]

descansillo landing of a staircase [17]

descargar to unload [2]

descarnar to become emaciated [2]

descoger to unfold [1]

descolgar to take down [1]

descolorido colorless [6]

descomponer to disturb [18]

desconocido unknown [1]

desconsuelo weakness [15]

descontento displeased [18]

descotarse to wear a lowcut neckline [3]

descrédito disrepute [17]

descreimiento lack of faith [4]

descubrimiento discovery [13]

descubrir to discover [3]; to reveal [20]

descuidar to not take care of [21]

descuido carelessness [8]; **al —** with affected carelessness [8]

desde since [6]; from [10]

desdén disdain [2]

desdeñar to disdain [15]

desdeñoso disdainful [2]

desdentada without teeth [2]

desdicho unfortunate [1]

desear to want [1]

desecho cast-off clothing [12]

desencajar to come apart [15]

desencantar to disenchant [1]

desencanto disillusionment [7]

desengañar to realize the truth [4]

desenredar: —se to disentangle oneself [19]

desenvolver to unwrap [4]

deseo desire [4]

deseoso desirous [20]

desesperar to become desperate [1]

desfallecer to become faint [1]

desgana lack of appetite [5]

desgarbado lacking poise or elegance [21]

desgarrador heartrending [14]

desgarrar to rip [1]; to tear apart [21]

desgarrón rip or tear [2]

desgracia misfortune [3]; mishap [6]; **por —** unfortunately [5]

desgraciado unfortunate [2]

desgreñar to dishevel [6]

deshacer to break into pieces [16]; **—se** to dissolve [10]

desilusión disappointment [5]

desinteresado not motivated by self interest [3]

desliz slip [11]

deslizar to slip [5]; to slide [8]

deslumbrador dazzling [4]

deslumbrante dazzling [17]

deslumbrar to dazzle [1]

desmán mishap [17]

desmayo faint [6]

desmedrado emaciated [15]

desmejorar to damage [6]

desmesuradamente excessively [1]

desmoronar to crumble [14]

desnudar to undress [1]

desnudo naked [10]; bare [12]

desordenado disorderly [16]

despachar to polish off [1]; to get rid of [3]; to send off [19]

despacio slowly [4]; slow [11]

despavorir to terrify [17]

despecho spite [3]

despedazar to break into pieces [10]

despedir to dismiss [17]; **—se** to say goodbye [4]

despejar to clear out [19]

despertar to awake [1]; to wake up [2]

despierto alert [20]

despilfarro wasteful extravagance [8]

desplante arrogant or defiant remark [3]

desplegar to deploy [7]

desplomar to collapse [2]

desplome collapse [16]

despojo: —s remains [7]

despreciable worthless [4]

despreciar to scorn or look down on [19]

despreciativamente contemptuously [14]

despreciativo scornful or contemptuous [15]

desprecio contempt [12]

desprendimiento detachment [21]

después after [1]; afterwards [14]

desquiciar to unhinge [20]

desquite compensation [7]; recovery or revenge [20]

destellar to flash [20]

destinar to assign [6]

destino destiny [1]; fate [11]; destination [17]

destreza skill [6]

destrozar to break into pieces [5]; to destroy [13]

desvanecer to vanish [9]

desvelo sleepless anxiety [4]; sleeplessness [5]

desvencijado broken-down [9]

desviar to turn away [8]

detallar to observe in detail [6]

detalle detail [10]

detener to stop [1]; to linger [6]

detenidamente thoroughly [4]

deuda debt [18]

deudor debtor [4]

devanar: — **los sesos** to rack one's brains [10]

devolver to return [1]

devorar to devour [9]

día day [1]; **al otro —** on the following day [6]

diablo Devil [2]

diáfana delicate [17]

diario daily [19]

dibujo design [10]

dicha good fortune [4]; bliss [7]

dichoso lucky [4]; happy [7]

dieciocho eighteen [18]

dieciséis sixteen [13]

diecisiete seventeen [16]

diente tooth [3]

diestro right [4]; skillful [15]

dieta assembly [4]

diez ten [12]

diferenciar: —se to differ [8]

difícil difficult [3]

difumar to blur or make vague [19]

difunto deceased [1]

dignar to deign [6]

digno deserving [3]

dije trinket [4]

dilatar to expand [1]

diligencia stagecoach [11]

dimanar to have as its source [4]

dimes: en — y diretes in an argument [13]

dinero money [1]

Dios God [1]; **válgame —** good heavens [4]

dirección address [13]

diretes: en dimes y — in an argument [13]

dirigir to direct [1]

discípulo pupil [18]

disculpar to excuse [17]

discurrir to conjecture [4]; to reflect on or ponder [9]

discurso reasoning power [8]; speech [8]

discutir to argue [7]

diseñar to design [6]

disertar to expound [18]

disfraz fancy dress or costume or disguise [18]

disfrutar to enjoy [18]

disfrute enjoyment [12]

disgusto quarrel [3]

disimuladamente furtively [15]

disimular to conceal [1]

disipar to dispel [6]; to vanish [20]

disminuir to reduce [6]

disolvente a substance the allows another substance to dissolve in it [11]

disolver to break up [8]

disparar to shoot out [17]

disparate foolish or wild idea or action [3]

disparo shot [10]

disponer to arrange [1]; **—se** to get ready [8]

dispuesto willing [5]

disputar to compete for [7]

distinguido distinguished [19]

distinguir to favor [18]

distinto different [3]

distraer to distract [9]; **—se** to become distracted [2]

divertirse to have a good time [3]

divisar to perceive [7]

divulgar to make known [3]

doblar: —**se** to bend down [6]

doblegar to bend [15]

docena dozen [8]

doler to hurt [9]

dolor grief [2]; ache or pain [3]

dolorido in anguish [3]

doloroso painful [9]

domar to tame or break in [19]

dominar to control [9]

dominguero pertaining to Sunday [2]

dominio domain [8]

don gift [7]

doña title of respect used before a woman's name [18]

doncella maid [13]

doquiera wherever [3]

dorada golden [3]

dormir to sleep [1]

dormitorio bedroom [4]

dorso back [1]

dos two [13]

dosel canopy [17]

dosis portion [2]; dose [14]

dril course twilled linen [18]

droguería drugstore [19]

droguero druggist [19]

duda doubt [1]

dudar to doubt [8]

dueña mistress of the house [2]

dueño owner [7]; master [17]

dulce sweet [2]

dulzura sweetness [2]

durar to last [3]

dureza harshness [3]

duro a coin worth 5 pesetas or 20 reales [9]; solid [11]; tough [16]; hard [17]

E

echar to throw [11]; to exile [11]; — **una mirada** to look at [1]; — **por tierra** to knock down [4]; — **a** to begin [19]

ecuanimidad even temper [8]

edad age [2]

educación good manners [19]

efectivamente indeed [4]

efecto: en — really [4]

eficacia efficacy [7]

efímero temporary [15]

efluvio emanation [4]

eglantina sweet briar [13]

ejecutar to carry out the law [11]

ejemplar exemplary [11]

ejercer exercise [17]

ejercicios [6]

elegir to choose [2]

elogiar to praise [8]

elogio praise [10]

embajada embassy [4]

embajador ambassador [4]

embarazar to hamper [10]

embarazoso embarrassing [2]

embarcar to sail [17]

embargar to seize or take possession of [19]

embargo: sin — nevertheless [1]

embobadar to enthrall [19]

embriagador intoxicating [4]

embriagarse to get drunk [15]

embrollarse to get complicated [19]

embuste trick [7]

emigrar to emigrate [21]

emocionarse to be thrilled [18]

empapar to soak [5]

emparedar to wall in [16]

empeñar to pawn [17]; —**se en** to insist on [4]

empeño determination [3]; **tener** — to be eager [20]

empeorar to get worse [19]

emperejilar to dress up [3]

emperifollar: —**se** to get all dolled up [11]

empezar to begin [3]

empinarse to stand on tiptoe [2]

empleado employee [20]

emplear to use [3]

empleo job [18]

empolvar to powder [2]

emprender to undertake [11]

empresas enterprise [4]

empujar to push [6]

empuñar to grip [16]

enagua petticoat [1]

enajenamiento distraction [1]

enamorarse de to fall in love with [6]

encaje lace [2]

encantador charming [5]

encantar to delight or facinate [17]

encanto charm [3]; delight [3]

encarar to face [16]

encarecer to praise excessively [10]

encargar put in charge of [9]; to request [9]; to order goods [17]

encargo assignment [4]; ordered merchandise [17]

encarnar to make pink colored [12]

encarnizado bloodshot [2]

encender to light [1]; —**se** to blush [19]

encerar to wax [15]

encerrar to lock up [1]; to contain [6]; to bury [16]

encharcar to flood [19]; to bloat with water [21]

encima above [11]; on top of [17]; **echarse** — to take upon oneself [7]; — **de** on top of [12]

encinta pregnant [1]

enclenque sickly [1]

encoger to shrug [1]; to feel timid [9]

encogimiento shrinking [2]; shrugging [19]

encomendar to entrust [9]

enconger to shrink [9]

encontrar to find [1]

encorvar to stoop over [1]

encuadrar to frame [6]

encubridor one who conceales something [9]

encubrir to conceal [2]

encumbrado lofty [18]

encumbramiento rise in position [4]

enderezar to sit up straight [1]

endurecer to harden [19]

enemigo enemy [20]

energúmeno someone possessed of an evil spirit [11]

enfado anger [3]

enfermedad illness [7]

enfermiza sickly [1]

enfermo sick [1]

enflaquecer to emaciate [19]

enfriar to cool down [18]

enfundar to stuff [20]

engalanar to adorn [3]

engañar to deceive [7]; to cheat on one's spouse [8]

enganchar to hook [10]

enganche catching something on to something else [18]

enganchón hook [21]

engaño: llamarse uno a — to withdraw from a contract alleging fraud [4]

engañoso deceptive [4]; deceiver [21]

engarzar to connect [21]

engaste setting [12]

engendrar to cause [15]

engolosinar to get a taste for [3]

engomar to glue [4]

engruesar to put on weight [5]

enguantado gloved [2]

engullir to gulp down [1]

enjabonar to wash with soap [1]

enjaular to put in a cage [20]

enjugar to settle [2]

enjuto thin and dry [20]

enlace wedding [6]

enlodar to muddy [12]

enloquecer to drive insane [14]

enlutar to be in mourning [19]
enmendarse to mend one's ways [1]
enojar to anger [7]
enojo anger [3]
enredar to entangle [2]
enrejar to put a grate or lattice or bars on a window [12]
enrojecer to turn red [1]
ensanche expansion [11]
enseñar to show [3]; to teach [15]
ensimismamiento state of being lost in thought [1]
ensueño daydream [19]
enteco thin and weak [15]
entender to understand [4]
entendido expert [18]
entendimiento human reason [8]; mind [11]
enterar to inform [4]; —**se** to find out about [2]
enternecer to emotionally move or touch [11]
entero entire [13]
entierro funeral and burial [9]
entonces then [1]; **por aquel —** at that time [8]
entornar to half-close [1]
entrañas entrails [12]; innards [21]; **de blandas —** softhearted [11]; **sin** hardhearted [19]
entrar to enter [1]
entre between or among [13]
entreabrir to open slightly [2]
entredós lace insert [17]
entrega delivery of goods [15]; cash delivery [15]
entregar to hand over [2]; to surrender [13]
entremeter to meddle [7]; to meddle or intrude [9]
entretanto meanwhile [2]
entretejer to interweave or intertwine [1]

entretener to entertain [2]
entretenimiento amusement [5]
entrever to catch a glimpse of [2]
entreverar to intermingle [12]
enunciar to state [9]
envarar to make stiff [18]
enviar to send [1]
envidia envy [3]
envidiable enviable [3]
envidiar to envy [5]
envidiosas envious [11]
envío sending [17]
enviudar to become a widow or widower [3]
envoltorio bundle [2]
envolver to wind [1]; to wrap [2]
episodio digression [10]
epístola letter [5]
época time [6]
equipo equipment [17]; **— de novia** bridal trousseau [12]
equivocación mistake [8]
equívoco ambiguous [17]
eras vegetable garden [11]
ergir to raise up [12]
esbelto slender [10]
escalera staircase [12]
escalofrío shiver [1]
escalón rung of a ladder [4]
escandalizarse to become scandalized or shocked [1]
escándalo scandal [10]
escaparate store window [1]; display window [10]
escardillo small hoe [9]
escarlata scarlet [15]
escarmiento lesson learned through punishment or experience [16]
escarnecer to ridicule [8]
escarranchar to spread one's legs apart [21]
escaso meager [17]; limited [17]
escena scene [10]

escenario setting [6]

escéptico skeptic [4]

esclarecer to make clear [4]

esclavo slave [1]

escoger to select [2]

escoltar to escort [12]

esconder to hide [6]

escribir to write [6]

escritorio-cómoda combination bureau and writing desk [13]

escrofuloso having a skin disease of the neck [15]

escrúpulo qualm [21]

escuchar to listen to [16]

escudar to shield [8]

escuela school [1]

escupir to spit [17]

escurrir to slip [15]

esencia perfume [7]

esfera sphere [10]

esfinge sphinx [20]

esfuerzo effort [4]

esfumar to blur or make vague [19]

eslabón link [12]

eslabonar to link together [5]

esmaltar to enamel [7]

esmalte enamel [7]

esmeralda emerald [20]

esmerar: —se to be meticulous [1]; work hard at doing a good job [19]

esmero painstaking care [17]

espachurrar to crush or squash [16]

espacio period of time [11]; space [14]

espadachín good swordsman [4]

espalda back [2]; **vover la —** to turn one's back [3]; **—s** back [12]

España Spain [4]

espantable frightening [8]

espantar to frighten [1]

espanto fright [21]

esparcir to spread [1]

especie type [1]

espectador spectator [14]

espectro ghost [16]

espejo mirror [12]

espera expectation [20]

esperanza hope [1]

esperar to hope [1]; to expect [2]; to wait for [10]

espeso thick [18]

espigar to grow up [3]

espina thorn [2]

espinazo spine [12]

espinilla tiny spine [15]

espionaje spying [11]

espíritu spirit [1]

espolón breakwater [6]

espontanearse to open up [4]

esposa wife [8]

esposo husband [1]

espuma foam [1]

espumoso frothy [17]

esquela printed card [13]

esquina corner [2]

esquivo unsociable [15]

estación season [2]

estado state [1]; social status [10]

estafador swindler [15]

estallido explosion [15]

estampido explosion [1]

estancia room [1]

estanque pond [4]

estante set of shelves [13]

estantería shelving unit [7]

estatua statue [1]

estigma disgrace [18]

estirar to stretch [1]

estirpe lineage [4]

estorbar to be in the way [18]

estrago devastation [14]

estrategia strategy [4]

estrechar to squeeze [5]; to come close [7]

estrechez poverty [4]

estrecho close [19]; narrow [20]

estrella star [4]

estrellar to cover with stars [21]

estremecer to shake [2]; to make tremble [2]

estremecimiento shudder [8]; trembling [9]

estrenar to wear for the first time [11]

estrépito noise [3]

estropajo brush [1]

estropear to ruin [2]

estrujar to squeeze or crush [16]

estuche box for jewelry [12]

eterno eternal [4]

etiqueta formal dress [18]

evadir: —se to escape [17]

evitar to avoid [2]

exaltación stimulation [7]

exaltado to work up [7]

exaltar to get excited [4]

exánime lifeless [16]

exceso: con — excessively[8]

exhalar to emit [2]

exhortación admonition [10]

exigencia requirement [17]

exigente demanding [3]

exigir to require [13]; to demand [17]

exigüidad meagerness [2]

experimentar to experience [1]

expiar to atone for [8]

explicar to explain [4]

exponerse to run the risk [15]

exposición showing [17]

exquisito perfect [17]

extasiarse to become ecstatic [8]

extender to stretch out [1]

exterioridad outward appearance [8]

extramuros outside of the town or city [1]

extrañeza surprise [10]

extranjero foreigner [4]; **al —** abroad [12]

extraño odd [4]; peculiar [8]; stranger [11]

extraviado out of the way [15]

extraviar to get lost [14]

extravío wandering off [1]

extremar to carry to an extreme [3]

extremeño from the Extremadura region of Spain [8]

F

fabricar to make [11]

facciones facial features [3]

fácil easy [13]

facultad ability [20]

faena task [9]; **—s** chores [21]

faja belt [1]

falda skirt [1]

faldilla petticoat [18]

fallecer to die [1]

falta mistake or misdeed [14]; error [18]; **hacer —** to need [1]; **a — de** for lack of [7]; **sin —** without fail [21]

faltan to be missing [16]

faltar to be lacking [1]; to lack [8]

fama rumors [4]; reputation [6]

familiar pertaining to the family [5]

fámulo servant [19]

fantoche ridiculous figure [20]

farmacéutico pharmacist [19]

farol lamp [19]

farsa farce [7]

fatalidad fate [4]

fatuo vain [4]

faz face [2]

fe faith [4]

febril feverish [4]

fecha date [5]

fecundar to fertilize [21]

felicidad happiness [4]

felicitaciones congratulations [10]

feliz happy [2]

felpa plush cloth [7]

femenil feminine [3]

fementido treacherous [9]

feo ugly [1]

feroz ferocious [15]
fervoroso fervent [14]
fetiche an object believed to have
  magical powers [4]
fiar to trust [17]
fibra fiber [14]
fideo: sopa de —s noodle soup [19]
fiebre fever [1]
fiel faithful [5]
fieltro felt [2]
fiera wild beast [1]
fiero ferocious [10]
fiesta party [1]
figura face or body shape [4]
figuración notion [5]
figurarse to imagine [1]
fijar to fix [2]; to decide [10]; **—se en**
  to pay attention to [3]
fijo: de — for sure [1]
filigrana filigree [7]
filósofo philosopher [8]
fin end [1]; **a — de** in order to [4];
  en — in short [4]; **al —** finally [5];
  al — after all [7]
finca farm [9]
fingir to pretend [2]
fino slender [2]; refined [4]
finura refinement [4]
firmamento sky [2]
firmar to sign [12]
fisgón snooping [7]
físico physical [9]
fisonomía face [6]
fisonómico physical [3]
flaco skinny [2]
flamante brand new [2]
flecha arrow [8]
flojedad carelessness [18]
flojo lazy [15]
flor flower [2]
florecer to blossom [17]
flores: decir — to make flirtatious
  compliments [3]

florido flowery [6]
florista flower-seller [19]
foco focal point [13]
fogón kitchen stove [1]
foguear to be accustomed to gunfire
  [19]
fondear to anchor [6]
fondo depths [5]; bottom [7]; rear [9]
forasteros outsider [6]
forcejear to struggle [6]
forjar to forge [9]
formal serious and reliable [5]; proper
  [6]
formarse to develop [8]
formular to pose [10]
formulario collection of formulas [19]
fornido robust [16]
forrar to line [2]
forro lining [15]
fortalecer to strenghten [3]
fortuna: por — fortunately [10]
forzoso obligatory [16]
fósforo match [2]
frac a dress coat [10]
francés French [18]
franco generous [9]; candid [10]; franc
  (French money) [20]
franqueza openness [4]
frase sentence [4]
fregar to scrub [1]
freno restraint [5]
frente forehead [6]; **— a** facing [2];
  de la — alta with one's head held
  high [15]
fresa strawberry [19]
fresco fresh [6]
frescor freshness [19]
frescura freshness [3]
frialdad coldness [14]
friega rub [19]
frío cold [1]
frondosa luxuriant [2]
fruncir to pucker [14]; **— el ceño**

to frown [2]; — **las cejas** to knit together one's eyebrows [11]

frutal fruit tree [9]

frutero fruit dish [2]

fuego fire [16]; **prender —** to set ablaze [21]

fuelle bellows [18]

fuente fountain [1]

fuera outside [13]

fuerte strong [1]

fuerza force [1]; strength [6]; **a — de** because of [15]; **redoblar las —s** redouble one's efforts [16]

fugaz fleeting [10]

fulguración resplendence [12]

fulgurante resplendent [18]

fulminar to strike or kill [9]; to hurl threats [11]

fumar to smoke [17]

funciones duties [19]

fundar to base [1]; to found [11]; to establish [17]

fúnebre funereal [14]

funesto ill-fated [4]; fatal [7]

furor rage [12]

furtivo done in secret [5]

gabinete small reception room [8]

G

galán elegant man [3]

galante polite [3]

galas finery [3]; wedding gifts [12]

galería underground tunnel [16]

gallardía elegance [3]

gallardo graceful [2]

galleta cookie [9]

gallina chicken [9]

galope: de — at a gallop [16]

gana: tener —s de to want to [1]; **de buena —** willingly [9]; **darle la —** to feel like doing something [17]; **de mala —** unwillingly [21]

gañán farmhand [9]

ganar to earn [2]; to win over [17]

garganta throat [1]

garrapatear to scribble [5]

gastar to wear habitually [11]; to wear out [17]; to squander [21]

gasto expense [6]

gato cat [1]

gaviota sea gull [6]

gemelo cufflink [13]; **—s** binoculars [6]

gemido moan [6]

gemir to moan [4]

generalidad majority [8]

género manner [13]; type [20]

genio character [3]

gente people [3]

gentil kind [18]

gentío crowd [2]

gerente manager [20]

gesto gesture [2]; expression [6]

gimotear to whine [1]

globo: — terráqueo the earth [12]

gloria: saber a — to taste delicious [9]

glosar to comment about [17]

goce pleasure [9]

golfo urchin [15]

golosina delicacy [1]

goloso greedy or gluttonous [21]

golpe strike [2]; blow [4]; knock [12]

golpear to pound [18]

golpeteo pounding [20]

goma glue [4]

gordo thick [2]; fat [11]

gorra cap [20]

gota drop [1]

gozar to enjoy [4]

gozo joy [1]

grabado etching [5]

gracia charm [3]; grace [17]; charm or wit [19]; **hacer —** to please [15]

gracioso amusing [3]; charming [4]

grado degree [7]

granate garnet [13]

grande big [3]; great [10]; Spanish noble [18]

granuja urchin [15]

grato pleasing [3]; pleasant [5]

gratuitamente without cost [19]

grave serious [6]

grieta crack [8]

grillete shackle [1]

gris grey [2]

gritar to scream or yell [1]

grito scream [1]

grosero vulgar [4]; rude [12]

grueso big [8]; thick [12]

gruñir to grumble [1]

guante glove [8]

guanteado wearing gloves [14]

guapa beautiful [18]

guapo handsome [3]

guardador guardian [8]

guardajoyas jewel case [13]

guardar to keep [1]; to guard [8]; **—se** to protect oneself [15]

guarnecer to embellish [4]

guarnición garrison [6]

guasón kidder [15]

guedeja long locks of hair [2]

guiar to guide [3]

guiñar: **— el ojo** to blink [1]

guirnalda garland [6]

guisante pea [7]

gustar to find pleasing [7]

gusto pleasure [1]

H

haber: **— + infinitivo** to must [6]

habil skillful [17]

habitación room [1]

habitar to live in [17]

habituar to be accustomed [18]

habituarse to get used to [3]

hablar to speak or talk [1]

hacer: **— carantoñas** to cajole [2]; **—**
caso to take notice of [2]; **— cisco** smashed to bits [16]; **— daño** to harm [1]; **— falta** to need [1]; **— gracia** to please [15]; **— la corte** to woo [6]; **— trizas** to tear to pieces [12]; **—le a uno la capa** to cover up something for someone [17]; **—se cargo** to take charge of the situation [19]; **—se el tonto** to play dumb [15]

hacha ax [9]

hacia toward [4]; **— arriba** upwards [20]; **— atrás** backwards [13]

hacienda wealth [3]

halagador gratifying [17]

halago flattery [3]

halagüeño flattering [10]

hálito breath [5]

hallar to find [1]

hambre hunger [1]

haragan loafer [15]

hartar to stuff [1]; **— de palos** to beat [2]

hasta even [1]; until [2]; to the point of [3]

hastiar to bore [4]

hatillo clothing or other belongings [11]

haz bunch [2]

hazmerreír laughingstock [15]

hecho fact [5]; action [13]; even [16]

hechura creation [3]

hediondo stinking [17]

helar to freeze [1]

hembra female [1]

hender to split or crack [9]

heredad property [11]

heredar inherit [3]

heredero inheritor [4]

herencia inheritance [10]

herida wound [4]; **tocarle a uno la —** to put one's finer on a sore spot [4]

herir to wound [1]

hermano/a brother/sister [3]
hermoso beautiful [1]; good-looking [6]
hermosura beauty [3]
herramienta tool [15]
hervir to swarm [2]
hervor boiling [15]
hiel bile [14]; bitterness [16]
hielo ice [12]
hierba grass [9]
hierro iron [1]
hijo/a son/daughter [1]
hilera row [6]
hilo string [8]; trickle [17]
hincar to thrust into [9]
hipo hiccough [15]
hirir to strike [13]
hirsuto shaggy [21]
historia story [3]; shady past [6]
hogar hearth [1]; home [3]
hoja leaf [20]; — **de papel** sheet of paper [15]
holganza leisure or pleasure [21]
holgazán lazy idler [16]
hombre man [4]; — **de bien** honorable man [3]
hombro shoulder [1]
hondo depth [16]; deep [20]
honestidad decency [5]
honra honor [6]
honradez integrity [15]
honrado honest and upright [19]
hora hour [6]; **en mala** — unfortunately [4]
horadar to pierce [16]
horas: las altas — late at night [4]
hormiguear to abound [13]
hosco bad-tempered [1]
hospedaje cost of lodging [11]; lodging [19]
hostal boardinghouse [19]
hoyo sunken area [21]
huella trace [20]

huerto orchard [8]
huésped boarder [19]; **casa de —es** boarding house [19]
huevo egg [21]
huir to flee [17]
humareda dense smoke [21]
humedad moisture [12]
humedecer to fill with moisture [14]
humildad humbleness [17]
humilde humble [1]; of lowly origin [10]
humillar to humiliate [3]
humor mood [3]
humorado good-natures [18]
hundimiento cave-in [16]
hundir to sink [19]
húngaro Hungarian [4]
huraña taciturn [15]
hurtar to steal [8]

I

ictericia jaundice [19]
iglesia church [3]
ignominioso disgraceful [15]
ignorar to be unaware of [1]; to not know [15]
ignoto unknown [1]
igual alike [6]; same [8]
igualar to level or smooth out [9]
ilimitado unlimited [1]
ilusionado excitedly looking forward to something [10]
ilustrarse to enlighten [5]
imagen image [1]
imberbe young man [3]
imitar to imitate [4]
impacientar to irritate [10]
impensada unexpected [14]
imperativo dictatorial [12]
imperial rooftop seats [11]
imperio Empire style [13]
imperiosamente overbearingly [16]
imperioso domineering [15]; arrogant

[18]

impertinente intrusive [7]

ímpetu haste [10]

imponerse to get control of [3]

importar to care about [7]; to matter [18]

importe amount of money [19]

impregnar to saturate[12]

impresión shock [3]

impresionante amazing [20]

impresionarse to be affected or moved deeply [20]

imprimir to imprint [20]

improviso: de — suddenly [4]

impúdico lewd [5]

impulsar to impel [2]

inadvertido unnoticed [11]

inaudito unheard of [10]

incansable tireless [20]

incapaz incapable [4]

incendio fire [12]

incertidumbre uncertainty [16]

inclinar to bow [3]; to lean [7]

inconveniente: no tener — not to mind [18]

incorporarse to sit up [1]

incrustaciones inlay [17]

incurrir to commit [20]

indagatoria unsworn statement required of a defendant [13]

indefenso defenseless [1]

indicio sign [5]; **—s vehementes** circumstantial evidence [1]

indigno unworthy [5]

indisoluble permanent and binding [8]

índole kind or type [20]

indudable without a doubt [10]

indultar to pardon [1]

indulto pardon [1]

inerte motionless [17]

inesperado unexpected [1]

inestimable invaluable [4]

inexperto inexperienced [4]

inexpugnable unassailable [4]

infamar to defame [8]

infatigable tireless [16]

infeliz unhappy [1]

infierno Hell [14]

influir to influence [3]

influjo influence [20]

informe: —s information [10]

infringír to violate [3]

infundir to fill with or instill [1]

ingeniar to use one's wits [15]

ingeniero engineer [16]

Inglaterra England [6]

inglés English [2]

inicuo unjust [1]

injuria insult [10]

inmotivado unjustified [12]

inmutar to look agitated or worried [3]

inofensivo harmless [7]

inquietar to trouble[8]

inquietud uneasiness [4]

inseguro uncertain [17]

insensible insensitive [9]; imperceptible [5]

insinuante artfully indirect [19]

insípido lacking substance [4]

insólito unusual [21]

instalar to establish oneself [20]

instante: a cada — all the time [12]

insulso dull [5]

insuperable insurmountable [20]

íntegro complete [5]

intentar to try [1]

interesar: —se por to take an interest in [19]

interioridades personal or family secrets [3]

intermedio intermediate [15]

interponer to put oneself between [1]

interrogación question [10]

interrogar to question [4]

intervenir to intervene [8]
intimidad closeness [6]
íntimo close [6]
intransigencia stubbornness [11]
intrépido fearless [6]
introducir to enter [1]; to present [3]
intruso intruder [17]
inútil useless [4]
inutilidad uselessness [15]
invectiva insult [16]
invencible unconquerable [4]
invernadero greenhouse [3]
inverosímil unlikely [10]
invierno winter [2]
ir: —se to leave [3]
ira anger [10]
iracundo irate [11]
iris rainbow [2]
irrisión mockery [15]
irrisorio laughable [17]
izquierdo left [13]

J
jabón soap [1]
jadear to pant [15]
jamás never [10]
jardín garden [4]
jefe head of a department [18]; **— de municipales** chief of police [1]
jeta pejorative word for face [2]
jirón shred [10]
jocoso amusing [15]
jornada day [19]
joven young [9]
joya jewel [3]
joyería jewelry shop [20]
joyero jeweler [13]
júbilo joy [10]
judía bean [21]
juego playing [3]
juez judge [8]
jugar to play [2]; to gamble [4]
jugo juice [5]

juguete toy [2]
juguetear to play [2]
junto: —s together [3]
jurar to swear [17]; **jurar: —sela a uno** to swear revenge [1]
jurisperito legal expert [1]
justicia justice [8]
justiciero severe or strict [11]
justo fair [1]
juventud youth [3]
juzgar to judge [6]

L
labio lip [1]
labor needlework [17]
laborioso hard-working [5]
labradío tillable [11]
labranza plowing or tilling [9]
labriego peasant [21]
lacónico in few words [5]
ladino cunning [21]
lado side [2]; **por otro —** on the other hand [4]; **al — de** next to [10]
ladrón thief [1]
lágrima tear [1]
lagrimal tear duct [1]
lamedor licking [21]
lamentablemente unfortunately [19]
lamentar bemoan [5]
lamento wail [19]
lana wool [2]
lance duel [3]; difficult situation [20]
landó carriage with a folding top [2]
languidez languor [7]
lanzar to fling oneself [6]; to cast [8]; to throw [11]
lápiz pencil [13]
largo long [1]
lástima pity [1]
lastimar to injure [21]
lastimosamente sadly [3]
latidos throbbing [15]

latir to beat [5]
lavadero laundry [1]
lavar to wash [1]
lazo bow [2]; cord [8]
leal true [4]; loyal [9]
lealtad loyalty [13]
lecho bed [1]
lector reader [4]
leer to read [4]
legar bequeath [7]
legítimo genuine [2]
legua league or 3 ½ miles [9]
lejano far away [1]
lejos in the distance [6]; far [7]
leña firewood [21]
lengua tongue [2]
lentejuela spangle or sequin [18]
lentitud slowness [21]
lento slow [1]
leona lioness [17]
lerdo slow and lumbering person [11]
lesión wound or injury [1]
letargo lethargy [20]
letra letter of the alphabet [11]
levantar to raise [1]; — **la sesión** to adjourn the meeting; **—se** to get up [1]
leve slight [8]
ley law [1]
leyenda legend [3]
liar to roll up [21]
libertad freedom [13]
libertar to set free [16]
libre free [8]
librea uniform [18]
libro book [2]
licenciado master's degree [5]
lienzo linen [4]
ligeramente slightly [10]
ligero light [18}
lila lilac [2]
limosna money given in charity [2]; **pedir** — to beg [15]

limpiar to clean [12]
límpido clear [18]
limpio clean [1]; **sacer en** — to not be able to understand [3]
lindo pretty [2]
lino linen [4]
lío bundle [1]
lisonjero flattering [3]
lista: pasar — to call roll [16]
listo clever [7]
lívido ashen [2]; furiously angry [14]
llama flame [2]; **de** — flaming [16]
llamamiento calling [16]
llamar to call [1]
llano plain [4]
llanto weeping [1]
llave key [13]; **ama de —s** housekeeper [19]
llavero keyring [13]
llegar to arrive [1]
llenar to fill [1]
lleno full [9]; **de** — completely [2]
llevar to carry [1]; to take [3]; to get [11]; to have been [13]
llorar to cry [1]
lloro tears [15]
llover to rain [9]
lluvia rain [2]
loable praiseworthy [5]
lobo wolf [16]
localidad ticket for a performance [18]
loco crazy [1]
locura madness [3]
logogrifo riddle [10]
lograr to manage to [1]; to achieve [4]
losa slab [12]
lucha fight [14]
luchador fighter [20]
luchar to fight [20]
lucidez clearness of mind [7]
lúcido clear [1]
lucio shiny [2]
lucir to display [2]

luego then [14]

lugar place [7]; **dar — a** to cause [9]

lugareño village [19]; villager [19]

lúgubre gloomy [1]; doleful [4]

lujo luxury [11]

luna moon [3]

lustrar to polish [12]

lustro a period of five years [18]

luto mourning [13]

luz light [1]

M

machacar to beat [15]

machamartillo: a — firmly [4]

macilento emaciated [15]

madera wood [9]

madre mother [1]

madrileño pertaining to Madrid [2]

madrugada early hours of the day [4]; **de —** at daybreak [11]

madrugar to get up early [1]

maestría mastery [7]

maestro teacher [15]; master craftsman in a shop [17]; **— de obras** master builder [9]

magyar Hungarian [4]

magulladura bruise [6]

magullar to batter or bruise [15]

majo flashy and showy [11]

mal misfortune [1]; bad [3]; sickness [5]; badly [14]

maldecido wicked [15]

maldecir to curse [10]

maldición curse [1]

maldito damned [4]

malecón sea wall [6]

maleta suitcase [20]

malicia maliciousness [17]

maligno evil [17]

malla mesh [10]

malo bad [8]

malva mallow plant [19]

mamar: dar de — to breastfeed [1]

mamarracho grotesque or ridiculous figure [4]

mamón nursing baby [2]

mañana morning [1]

manantial natural water spring [12]

manar to rise or flow forth [12]

mancar to maim or disfigure [21]

mancha stain [2]

manchar to stain [6]

manda to command [11]

mandar to order [7]; to send [11]

mandrágora mandrake [4]

manera way [17]

manga sleeve [2]

manifestación display [10]

manifestar to display [2]

maniquí mannequin [6]

mano hand [1]; **— a —** on equal terms [19]; **si a — viene** perhaps [19]

manosear handle [17]

manso meek [17]

mantener to maintain [8]; to support [19]

mantilla veil [2]

mantón shawl [2]

maquinal mechanical [11]

maquinalmente mechanically [9]

mar sea or ocean [6]

maravilla marvel [4]

marca brand [16]; **de —** outstanding [2]

marcar to point out [2]

marcha departure [4]

marcharse to go away [1]

marchitar to wither [1]

marco frame [3]

margen: da — to give occasion [5]

marido husband [1]

marinero sailor [6]

marino sailor [6]

mariposa butterfly [12]

maritalmente as married [1]

marqués/esa marquis/marchioness [18]

martilleo hammering [15]

mas but [1]

mascar to chew [1]

mascarada masquerade [18]

mascullar to mumble [11]

matachín slaughterer [1]

matar to kill [1]

material equipment [16]

matinal pertaining to the morning [2]

matrimonio married couple [8]

mayor greater [3]; older [11]; biggest [18]

mayoría majority [4]

medalla medal [4]

media stocking [2]

mediano mediocre [20]

médico doctor [1]

medida: a — que as [20]

medio half [4]; way [4]; **— ambiente** environment [10]; **en — de** in the middle of [4]; **pared por —** next door [1]; **por — de** by means of [7]; **—s** means [7]

mediodía noon [16]

meditabundo pensive [8]

meditar to think about [11]

mejilla cheek [1]

mejor better [1]; **— aún** better yet [4]; **lo —** the best [11]

mejora improvement [9]

melancolía somber thoughtfulness [9]

melancólico pensively sad [7]

melena long loose hair [2]

melindres affectation [17]

memoria remembrance [7]

memorialista scribe [11]

mendigo beggar [15]

mendrugo crust of bread [15]

menear to shake [1]

meneo swaying [2]

menguado stingy [17]

meñique little [2]

menos: al — at least [4]; **por lo —** at least [4]; **a — que** unless [20]

menospreciar to look down on [15]

menosprecio scorn [8]

mente mind [1]

mentir to lie [7]

menudear to do frequently [1]

menudencia trifle [5]

menudo small [6]; **a —** often [4]

mercader merchant [12]

mercado market [1]

mercancía merchandise [19]

mercar to buy [21]

merecer to deserve [1]; **— la pena** to be worth while [4]

merecidamente deservedly [15]

merecido just deserts [13]

merino wool from merino sheep [11]

merodear to loot [21]

mes month [2]

mesa table [1]

mesón inn or tavern [11]

mesonero innkeeper [11]

meter to put into [6]; **—se** get involved [17]

metido: estar — en to be deeply involved in [3]

metrar to measure [17]

mezclar to mix [8]; **—se** get involved [5]

mezquino stingy amount [11]; puny [15]; wretched [19]

miaja bit [2]

miedo fear [1]; **tener —** to be afraid [7]

miedoso cowardly [14]

miel honey [3]

miembro limb [2]

mientras while [10]; **— más pronto** the sooner the better [14]

miga crumb of the soft part of bread [7]

mil thousand [7]

milagro miracle [4]

milagroso miraculous [7]

millar one thousand [12]

mimar to pamper [18]

mina mine [16]

mínimo: en lo más — in the least [8]

ministro: — plenipotenciario a minister who holds a position second to the ambassador [4]

mío mine [11]

mira: estar a la — to be on the lookout [20]

mirada look [1]; gaze [11]

miramiento consideration [17]

mirar to look at [1]

misa mass [2]; — **mayor** High Mass [11]

miseria poverty [1]; wretchedness [9]

misiva written communication [12]

mismo same [3]; itself [15]; **por lo —** for that very reason [5]

mitad middle [9]; half [9]; **bella —** one's wife [8]

mocetón strapping young man [16]

mociño young [21]

mocoso snotty-nosed [11]

moda style [18]; **de —** fashionable [10]

modelar to form [4]

modesto of moderate means [5]

modo manner or way [1]; **de — que** so that [3]

modorra drowsiness [14]

mofador mocking [15]

mohín facial gesture [2]; grimace [11]

molestar to bother [9]

molestia nuisance [9]

molino mill [9]; — **harinero** flour mill [9]

monago alter boy [12]

mondar to shell [19]

moneda coin [1]

monja nun [9]

mono cute [2]

moño rosette of ribbons [2]

montar to set up [19]

monte mountain [4]

morado royal purple [18]

moratoria delaying tactics [19]

mórbidas soft or smooth [6]

morbidez softness [3]

morder to gnaw [4]; to bite [10]

moreno with dark skin or hair [1]

moribundo dying person [16]; dying [20]

morir to die [1]

mortal fatal [4]

mortificar to annoy [2]

mostrador counter of a shop [15]

mostrar to show [1]; **—se** to show oneself to be [7]

mote nickname [15]

motín riot [1]

motivo reason [10]

mover to move [4]

movil mobile [6]

mozo young [1]

muchacha girl [6]

mudar to change [20]

mudo mute [1]; silent [20]

mueble piece of furniture [3]

muela molar tooth [15]

muelle pier or dock [6]; soft and luxurious [12]

muerte death [1]

muerto dead [8]

muestra display [1]

mujer woman [6]; wife [8]

mujeriego womanizer [17]

mujerío women [6]

mundo world [4]; **todo el —** everybody [1]

muñeca wrist [2]

murmuración slander [6]; gossip [10]

murmurar: —se to gossip [8]; —

bajo to whisper [18]
murmurio murmur [19]
murria melancholy sadness [3]
musgo moss-colored [18]
mustia gloomy [3]
mutua mutual [8]

N

nácar mother-of-pearl [3]
nacarado pearlecent [8]
nacer to be born [1]
nadar to swim [6]
nadie nobody [1]
nariz nose [3]; nostril [15]; **ala de la** — nostril [3]
naturaleza nature [4]
náufrago shipwrecked person [19]
navaja jack knife [1]
neblina fog or mist [19]
necedad stupidity [9]
necio idiot [3]; stupid [9]
negar to deny [3]; to refuse [7]; **—se** to decline to do [18]
negociante merchant [12]
negro black [1]
negror blackness [20]
negruzco darkish [4]
nene infant [2]
nervudo sinewy [15]
neutralidad [3]
nieto grandchild [3]
nieve snow [10]
niñería trifle [10]
niñez childhood [5]
niño child [1]; **de —s** as children [9]
níquel nickel [20]
noche night [1]; **a — de noche** at nightfall [17]
nociones rudimentary knowledge [20]
nombrar to mention by name [4]; to name [4]
nombre name [1]
nota repute [11]

notar to notice [3]
notario notary [15]
noticia news [1]; piece of news [9]
novedad new thing [21]; **—es** news [18]
noveno ninth [5]
noviazgo engagement [5]
novio/a newlywed [3]; fiancé/e [5]; boy/girlfriend [6]; groom/bride [10]
novísimo latest [19]
nubado shaped like a cloud [2]
nube cloud [10]; **está por las —s** to be sky high [19]
nublado cloudy [15]
nudo knot [8]; — **corredizo** slip knot [5]
nueva news [1]
nuevo new [17]; **de** — again [1]
nunca never [1]
nuncio harbinger [2]

O

obedecer to obey [13]
obispo bishop [10]
obligar to require [1]
obra work [6]; — **prima** goods manufactured by an artisan [15]
obrador workshop [15]
obrar to work [2]
obrero manual laborer [2]
obscurecer to cloud or make obscure [10]
obscuro dark [3]
obsequio gift [8]
obstante: no — nevertheless [3]; **no** — not-withstanding [11]
obstruir obstruct [16]
obtener to obtain [7]
ocho eight [11]
ocultación hiding [7]
ocultar to hide [2] —
oculto hidden [8]

ocupación task [21]
ocupar to concern oneself with [9]
ocurrencia crazy idea [11]
ocurrir to happen [1]; —se to come to mind [7]
odio hate [8]
odisea odyssey [15]
oficial skilled workman [15]
oficio occupation [1]; trade [2]
ofrecer to offer [7]
ofrecimiento offer [19]
oído ear [7]
oír to hear [1]
ojalá God willing [9]
ojeada glance [6]
ojeroso with dark circles under the eyes [5]
ojete eyelet [2]
ojiacanto a type of flower [7]
ojo eye [1]
ola wave [6]
oleaje breaking waves [6]
oler to smell [18]
olor odor [2]; fragrance [12]; — chotuno smelly like a goat [2]
olvidar to forget [1]
olvido forgetfulness [20]
once eleven [15]
ondeante undulating [2]
ondear to wave [2]
ondulaciones undulation [17]
opinar to have an opinion [3]; to think [9]
opinión: cambiar de — to change one's mind [10]
oponer to oppose [5]
oprimir to press [12]; to oppress [15]
opulento wealthy [8]
oratorio a private chapel [10]
orden order [15]
oreja ear [6]
orgullo pride [12]
orgullosamente proudly [2]

orgulloso proud [15]
oriente luster [8]
original peculiar [8]
orlada trim [17]
oro gold [1]
oscurecer to cloud or make obscure [10]
oscuridad dark [20]
oscuro dark [3]
ostentar to show off [10]
otoño autumn [3]
otorgar to grant [13]
otro other [14]
oveja sheep [14]

P

pábulo: dar — a la murmuración to encourage gossip [10]
paciencia patience [5]
pacífico peaceful [5]
pactar to agree upon [17]
padecer to suffer from [2]
padecimiento suffering [19]
padre father [1]
padrino godfather [10]
pagador payer [9]
pagar pay [1]
pago payment [2]
país country [4]
paja straw [9]
pala shovel [16]
palabra word [1]; estar a la última — to be completely up to date [19]
palabrota swear word [19]
paladear to sweeten [9]
palco box seat [6]
paleto yokel [11]
palidecer to turn pale [7]
palidez paleness [1]
pálido pale [3]
paliza beating [11]
palmas: batir — to clap one's hands [18]

palo blow with a stick [2]; stick [16]; **ir al —** to be hung [1]

palpitar to throb [1]; to pat [2]

pan bread [1]

panacea cure-all medicine [7]

panadero baker [18]

pañal diaper [19]

panetela thin cigar [20]

paño cloth [4]

pantalla lampshade [5]

pantalón pants [15]

pantalones pantalettes [17]

pañuelo handkerchief [2]; kerchief [17]

panza belly [21]

papa fake [15]

papel paper [2]; role [17]; **— de seda** tissue paper [2]

papilla soft food [16]

par pair [13]; **de — en —** wide open [2]; **al — que** along with [3]

paradero whereabouts [11]

paraíso paradise [7]

parar to stop [1]; to end [5]

pardillo rustic [11]

pardusco drab [2]

parecer to seem or look [1]; to appear [4]; **al —** apparently [8]

pared wall [1]; **— por medio** next door [1]

pareja: — venturoso happily married couple [8]

pariente relative [4]

parir to give birth [1]

parpadear to blink [9]

párpado eyelid [1]

parricida slayer of one's mother or father [1]

parroquia parish [17]

parroquiano member of the parish [17]

parte note [13]; **por — de** on one's part [12]; **en todas —s** everywhere [19]

participar to inform [1]

particular subject [4]

partir to split in two [9]; to leave [10]

parto childbirth [1]

párvulo small child [1]

pasado old-fashioned [9]; worn out [18]

pasamanería type of embroidery [12]

pasar to spend [6]; to happen [10]; **— lo bien** to have a good time [18]

pasear to stroll [6]

paseo promenade [3]

pasionalidad passionate emotion [15]

paso step [1]; passing [8]; **abrir —** to make way (for) [8]

pastor shepherd [4]

patán rustic peasant [7]

patear to stamp on or kick [17]

patentizar to make evident [14]

paticojo limping [17]

patilludo having sidewhiskers [18]

patraña falsehood [4]; hoax [4]

patrón landlord [1]

patrono boss [15]

patulea mob [16]

pavía clingstone peach [8]

payaserías things used for showing-off [17]

paz peace [3]

pecado sin [11]

pecador sinner [14]

pecar: — de to be extremely [4]

pecho bosom or chest [1]

peculiar chatacteristic [10]

pedazo piece [2]

pedir to ask for [1]; to ask [4]

pedrería precious stones [10]

pegar to attach [11]; to beat [15]; to stick [16]; **—sela a uno** to cheat on [5]

peinar to comb hair [3]; to comb [18]

pelaje appearance [2]

pelar to fleece [9]

peldaños step of a staricase [17]

peligro danger [6]; risk [19]

pelo hair [3]; **en —** half-naked [1]

pelona baldness [2]

peluquero hair dresser [4]

pena suffering [1]; pain [18]; **dar** to inspire pity [19]

pendiente drop earring [1]; hanging [2]; outstanding [19]

pensamiento thought [2]

pensar to think [1]

pentagrama musical staff [18]

penumbra semi-darkness [2]

peor worse [1]; **lo —** worst [13]

pequeñez unimportant thing [10]; smallness [15]

pequeño little [9]; small [10]

percha clothes hanger [2]

percibir to perceive [4]

perder to lose [1]

perdido black sheep [17]

perdiz partridge [2]

perdonar to forgive [14]

perezoso lazy [2]

perfidia treachery [5]

perfil profile [2]

perifollos ornaments for dresses or hair [13]

periódico newspaper [8]

perjudicar to harm [14]

permanecer to remain [6]

perra bitch [16]

perro rotten [1]; dog [14]; **— chico** five céntimo coin [15]; **— grande** ten céntimo coin [15]

persiguir to chase after [7]

pertenecer to belong [8]

pesadilla nightmare [1]

pesado heavy [2]

pesadumbre grief [8]

pesar sorrow [4]; to weigh [14]; **a — de** despite [6]; **a — de** in spite of [9]

pescuezo neck or throat [15]

peseta coin worth 4 reales or 100 céntimos [4]

peso weight [2]

petición request [19]

piadoso compassionate [2]; devout [3]

picado choppy [6]

picante spicy [3]

picar to puncture [1]; to prick [4]; to sting [11]; to annoy or vex [19]

picaresco mischievous [6]

pícaro rogue [1]

pico corner tip [11]

picos pickax [16]

pie foot [1]; **de —** standing [1]; **a — juntillas** steadfastly [4]; **ponerse en —** to stand up [14]; **a —** on foot [18]

piececillo little foot [2]

piedra rock [1]; stone [16]

piel skin [14]; **— viviente** fur [12]

pierna leg [16]

píldora pill [7]

pillo scoundrel [17]

piña cluster [16]

pindonga a gadabout

piñon pine nut [19]

pintar to paint [2]

pintoresco picturesque [9]

pique: a — de at the point of [18]; **echar a —** to sink [20]

pisar to step on [12]

piso step [1]; pavement [12]; apartment [17]

pisotear to trample or stop on [14]

pista trail or track [7]

pitillo cigarette [1]

pizarra slate [16]

pizca small amount [2]

pizpireto vivacious [17]

placa insignia [10]

plácido pleasant [6]

plañidero moaning and weeping [1]

plantar: —se to stand upright [17]

plata silver [2]; money [17]

plátano banana tree [20]

platea dress circle section of a theater [18]

platear to plate or coat with silver [6]

platicar to converse [8]

plato dish [2]

playa beach [6]

plaza job [18]

plazo term [1]

plebeyo lower class [15]

plegar to pleat [11]

pleito lawsuit [1]

plenitud abundance [3]

pliego sheet of paper [11]

pliegue pleat [17]

plomizo lead-colored [12]

plomo lead [15]

pluma feather [2]; pen [12]

población small town [19]

pobre poor [1]

poción potion [14]

poco: a — shortly afterwards [4]; **— a — ** little by little [8]

polilla moth [11]

polvo powder or dust [7]

pompa ostentation [13]

poner to put [1]; **—se** to become [19]

porfiado insistent [2]

porfiar to insist [14]

porquería filthy thing [4]

portal entrance hall [17]

portamonedas change purse [2]

portezuela small door [9]

portón main door of a house [9]

porvenir future [4]

posar to rest [1]

poseedor owner [6]

poseer to possess [4]

positivo indisputable [20]

pote cooking pot [21]

potro colt [19]

pozo pit [16]

practicar to carry out [16]

práctico theory put into practice [8]

pradería prairie [9]

prado field [9]

preciarse de to pride oneself on [4]

precio price [20]

preciosidad beautiful thing [11]; beautiful thing of value [12]

precioso beautiful [9]; valuable [13]

precipitado hasty [4]

precipitar to hurry [10]; to quicken [13]

precisar to determine [2]

preciso distinct [13]; necessary [16]; exact [19]

precoz precocious [14]

predilecto favorite [13]

pregunta question [1]

preguntar to ask [7]

prenda garment [2]; love token [7]; **—s** qualities [3]

prender to dress up [10]; to grasp [10]; to catch [18]; **— fuego** to set ablaze [21]

prendería pawn shop [19]

preocupación concern [9]

preocuparse to worry [3]

prescindir to do without [13]

prescripción order [7]

presea gem [8]

presentar to introduce [4]; to display [7]; **—se** to show up [3]

presidiario convict [1]; ex-con [1]

presidio prison [1]

presión squeeze [5]

prestamista moneylender [1]

prestar to lend [4]

presumir to be vain or conceited [3]; to conjecture [6]

presunción vanity [2]

pretendiente suitor [3]

prevalecer to prevail [4]
prevenir to prevent [1]
prever to foresee [3]
previo after [19]
primavera spring [3]
primaveral pertaining to spring [2]
primero first [1]; —**s** beginning [15]
primo cousin [6]
primor exquisite thing [19]
primorosamente delicately [18]
primoroso delicately beautiful [17]
principal illustrious [8]; esteemed [17]
principalmente primarily [6]
principiar to begin [17]
principio axiom [4]; **al** — at first [16]
prisa urgency [5]; haste [13]
privar to deprive [17]
probar to prove [1]; to try [2]; to test [13]; to try on [17]
proceder to originate [4]; to proceed [7]; to act [11]; to be proper or fitting [15]
procurar to endeavor [4]
prodigabar to lavish [16]
prodigioso wondrous [4]
producto proceeds [19]
proferir to utter [10]
profundidad depth [16]
profundo deep [3]; intense [7]; profound [10]
prole off-spring [5]
prolijo extensive [4]
prometer to promise [17]
prometido engaged [3]
pronto soon [3]; quickly [18]; **al** — at first [4]; **de** suddenly [5]
propensión inclination [9]
propietario landlord [5]; owner [8]; landowner [10]
propina tip [19]
propio one's own [1]; genuine [4]; proper [13]; fitting [19]
proponer to propose [4]; to plan or intend [10]
proporcionar to attribute [4]; to provide [18]
propósito resolve [3]; goal or purpose [5]; aim or intention [9]; **a** — suitable [9]
prorrompir to burst out [18]
proscripción banishment [3]
proseguir to continue [4]
protector protective [1]
proteger to protect [1]
Providencia God [1]
próximo next [4]; near or close[4]; nearby [21]
prueba proof [1]; ordeal [5]; test [6]
psíquico psychic [13]
pueblo working class people [1]; common people [2]; town or village [11]
puerco pig [17]
pueril childish [14]
puerta door [1]
pues because [20]; well [21]
puesta bet [4]
puesto position [4]; — **que** given the fact that [8]
pulcro neat and tidy [17]
pulla: — picante obscenity [17]
pum bang [15]
puñado: a —s in handfuls [17]
puñetazo punch [15]
puño handle [2]; fist [15]; **gemelo de** — cufflink [13]
punta point [11]
puntilla narrow lace edging [17]
puntillón kick [15]
punto dot [21]
punzada stabbing pain [15]
punzante stabbing pain [12]
pupila pupil of the eye [21]
pureza purity [6]
púrpura purple [12]

Q

quebrantar to break [6]

quedar to remain [1]; **— se** to be left [7]

quehaceres chores [1]; tasks [5]

queja complaint [2]

quejarse to complain [4]

quejido moan [4]

quemadura burn [3]

querer to love [3]

querido beloved [14]

quiebra financial loss [6]

quieto calm [1]

quilla keel [6]

quimera monstrous creature [7]

químico chemist [7]

quince: — días two weeks [19]

quinqué oil lamp [5]

quinto fifth [16]

quitar to take off [1]; to take away [4]

R

rabia rage [8]

rabiar to get furious [3]

rabioso furious [16]

racha streak of [4]

radio spray [10]; radium [19]

raer to scrape [16]

ráfaga gust of wind [9]; small cloud [11]; flash [12]

raído threadbare [15]

raíz root [4]

rama branch [10]

ramilla twig [21]

rango rank [4]

rapar to close crop hair [15]

rapaz youngster [21]

rape: al — cropped short to the scalp [15]

rareza strangeness [4]; peculiarity [5]

raro odd or strange [4]; rare [8]

rascar to scratch [11]

rasgado almond-shaped [3]

rasgar to rip [5]

rasgos traits or features [3]

raso satin [4]

rasolís glossy satin [2]

ratero petty thief [8]; pickpocket [15]

rato short time [13]; **un buen —** quite a while [6]

raudo rapid [19]

rayano bordering [8]

rayar to stripe [20]

razón cause [15]

razonar to reason out [15]

reaccionar to react [20]

real coin worth 25 céntimos [11]; royal [18]

realce embossment [17]

realidad reality [5]

realizar to put into effect [3]; to accomplish [7]; to perform [9]

realzar to enhance [2]

reanimar to cheer up [2]

reaparecer reappear [6]

rebanar to slice through [15]

rebotar to bounce [17]

rebótica back room of a drugstore [11]

rebozo pretense [14]

recadero messenger [15]

recado message [1]

recaer to relapse [15]; **— en** to receive [1]; **—se** to act modestly [18]

recato modesty [5]

recelar to fearfully suspect [4]

recelo fear [9]; misgiving [17]

receloso mistrustful [18]

receta recipe [9]

recetar to prescribe [1]

rechazar to reject [11]

recibir to accept [10]

recibo receipt [18]

recinto space [20]

recio strong [9]

reclamar to claim possession of [15]

recobrar to retrieve [1]; to recover [4]

recoger to gather together [1]; to pick up [4]; to collect [4] to take back [6]; —se to withdraw [13]

reconcentrar to conceal one's feeling [3]; —se to be absorbed in thought [2]

reconcomerse to be eaten up with envy [11]

recóndito hidden [7]

reconocer to examine [13]

reconvención reprimand [10]

recordar to remember [1]; to remind [19]

recorrer to travel [1]

recrear: —se to take delight in [17]

recuento recount [16]

recuerdo recollection [12]

recurso resource [7]

redondear to round off [11]

redondo clear [11]; round [15]

reducido compact [1]

reducir to boil down to [20]

referir to relate [6]; to narrate [20]

reflejar reflect [1]

reflejo reflection [18]

reforzaba to reinforce [15]

refractario resistant [7]

refregar to rub [1]

refrigerante cooling [2]

refugiar to take refuge [1]

refunfuñar to grumble [11]

regalar to give a gift [2]

regalo gift [10]

regañón to scold [2]

regato stream [21]

regente magistrate of regional court [1]

regio regal or royal [1]

registrar to search [2]

regla rule [3]

regocijo joy [2]

regordete chubby [2]

regresar to return [3]

regreso return [5]

regular fair [11]

regularmente as a rule [19]

rehacer to recover [8]

reina queen [1]

reincidír to relapse [3]

reír to laugh [2]

reiterar to repeat [20]

reja grate [12]

relación social aquaintence [8]

relampaguear to flash with lightning [5]

relato story [3]

reliquia relic [4]

reloj watch [13]

relucir to shine [1]

rematar to put the finishing touch on something [17]

remediarse to work things out [19]

remedio solution [1]; medicine [7]

remendar to mend [18]

remilgar to act in an pretentious manner [18]

remilgo finickyness [5]

remojar to soak [15]

remordimiento remorse [4]

remunerar to pay for [4]

renacer to be reborn [1]

rencor grudge [8]

rendir to wear out [6]; to surrender [7]; to yield [9]

reñir to quarrel [6]

reparación repair [4]

reparar to notice [1]; to restrain oneself [9]

repentino sudden [2]

repercutir to reverberate or echo [15]

repique ringing [9]

réplica reply [11]

reponer to recover [1]; to reply [4]

reposar to rest [14]

repostero hanging with an insignia or coat of arms [18]

reprender reprimand [11]

representar to appear to be [10]; to show [12]

reprimir to repress [2]

reprobación censure [1]

repugnar to disgust [7]

repulsa rejection [19]

requebrar to flirt with [3]

resaltar to stand out [18]

reseco dried out [17]

resentirse to become resentful [1]

residir to live [1]

resolver to decide [1]; to determine [20]

resoplar to breathe hard [15]

resorte resilience [6]; spring [7]

respecto: — a with regard to [6]

respirar to breathe [1]

respiro breath [15]

resplandeciente shining [10]

restante remaining [13]

resto: —s remains [19]

restorán dining car [19]

restregones hard rubbing [15]

resuello: — corto short of breath [15]

resultado outcome [7]; result [8]

reticente knowingly hesitant or vague [4]

retirar to withdraw [1]

retoño child [11]

retorcer to twist [11]

retraer to withdraw [20]

retrasar to lag behind [16]

retraso: de — late [18]

retrato portrait [7]

retribución reward [17]

retroceder to step back [1]

retrógrado backward moving [8]

reunión gathering [10]

reunir to assemble [3]; to unite [13]

revelar to develop a photograph [14]

revendedor reseller [1]

revés slap with the back of the hand [15]; back side [15]

revestir to adorn [10]

revindicar to regain possession of [2]

revocar to whitewash [2]

revolotear to flutter [12]

revolver to turn over [1]; to swing around swiftly [10]; to disarrange [21]

revólver type of gun [20]

revuelta turn [16]

revuelto resolute [17]

rey king [1]

rezagar to stay behind [8]

rezongar to grouch [11]

rezumar to ooze [20]

riachuelo stream [9]

ricacho/ón vulgar rich person [12]

rico rich [3]

riego watering [19]

riel bar [4]

rincón corner [1]

riqueza richness or wealth [3]

risa laughter [2]

risueño smiling [12]

ritmar: — por to keep rhythm with [20]

rizar to curl [18]

robo robbery [8]

roca rock [9]

rociar to sprinkle [15]

rocío shower [2]; dewdrop [10]

rodar to tumble down [17]; to roll [21]

rodear to surround [1]

rodete hair pulled together into a bun [6]

rodilla knee [7]

rodillas: de — kneeling [16]

roer to gnaw [1]

rogar to beg [5]

rojizo reddish [8]

rojo red [12]

rollizo plump [11]

romo blunt [11]

romper to break [1]; to tear [10]
ronco hoarse [1]
rondar to prowl [19]
ropa clothing [1]; — **blanca** intimate apparel [17]; — **interior** underwear [18]
rosa pink [2]
rosado pink [2]
rosquilla small donut [1]
rostro face [1]
rotundo categorical [10]
rozar: —**se** to touch lightly in passing [9]
rubio blonde [2]
ruborizarse to blush [18]
rudo rough [15]
rueda wheel [9]
ruego plea [8]
rugir to roar [17]
ruido noise [4]; sound [10]
ruinoso broken-down [11]
rumbo generosity [19]
rumiar chew over [9]
rumor gossip [1]; murmur [6]

S
sábana sheet [1]
sabandija vermin [15]
sabedor one who knows [21]
saber to know [9]
sabiduría wisdom [6]
sabio sage [8]
sabor flavor [3]
sacar to take out [1]; — **en limpio** to get a clear idea of [4]; — **en limpio** to deduce [15]
saciar to satiate [1]
sacudida shake [20]
sacudir to shake [2]; to shake off (as with dust on a carpet) [17]
sagaz astute [21]
sagrado sacred [1]
sala parlor [1]

salado impertinent [17]
saldar to settle a bill [19]
salir to leave [1]; to come out or go out [6]; to originate [21]; — **airoso** to be successful [4]; — **bien** to do well [10]
salón a drawing room or reception hall in a large house [3]
saltar to jump [1]; to arise [13]
salto jump [14]
salud health [3]
saludar greet [3]
salva volley [1]
salvador rescuer [16]
salvamento rescue [16]
salvar to save [6]
salvo safe [1]
San saint [6]
sanar to cure [14]
sangrar to bleed [1]
sangre blood [1]
sangriento bloody [12]
sanguijuela leech [19]
sanguinolento bloody [2]
sano healthy [1]
santamente virtuously [7]
santo saint [3]
sardónico characterized by scornful derision [5]
sarga serge (twill fabric) [6]
sarta string [13]
sastre tailor [4]
satisfecho satisfied [3]
saya skirt or petticoat [1]
sazón: a la — at that time [6]
seca: a —**s** just [2]
secar to dry up [7]
seco dry [1]; curt [10]
secrétaire writing desk [7]
secretaría secretariat [4]
secundar to second [15]
seda silk [2]; **papel de** — tissue paper [2]

sedeña cloth made of flax fibers [12]
sedosa silky [5]
segar to mow down [9]
seguida: en — immediately [18]
seguimiento pursuit [5]
seguir to follow [1]; to continue [8]
según according to [4]; as [12]
seguridad certainty [10]
seguro certain or sure [4]; **de —**
 certainly [1]; **de —** for sure [16]
seis six [15]
selva jungle [6]
semana week [13]
semblante face [3]
sembrar to sow [10]
semejante such [2]; similar [14]
semiandrajo ragged clothing [18]
semiocultar to partially hide [10]
señal sign [3]; earnest money [12];
 mark [16]
señalar to set [6]; to point out [9]; to
 show [17]; to mark [21]
señas specific information [19]; **por
 más —** more specifically [19]
sencillez simplicity [10]; naturalness
 [18]
sencillo simple [2]
seno bosom [1]
señor gentleman [19]
señora lady [3]
señorío majesty [19]
señorito/a young gentleman/lady [13];
 —a de compañía young lady's
 companion [12]
señorón high and mighty gentleman
 [17]
sensibilidad sensitivity [9]
sentarse to sit down [1]
sentencia verdict [11]
sentido meaning [6]; mental faculties
 [9]; one of the five physical senses
 [12]
sentimiento feeling [7]

sentir to feel [1]; hear [13]; **— lo** to be
 sorry [19]
sentirse to feel [6]
separar to part company [19]
sepulcro tomb [5]
sequedad curtness [3]
ser being [9]
sereno night watchman [1]; calm [20]
serio responsible [19]; serious [20]
servicio work [19]
servidor servant [18]
servilleta napkin [3]
servir to serve [4]; to be suitable [19]
sesión: levantar la — to adjourn the
 meeting [1]
severidad sternness [6]; **con —** sternly
 [3]
siempre always [3]
sien temple on the head [11]
siglo century [3]
significación meaning [12]
significar to mean [10]
siguiente flowing [3]; next [5]
silabear to pronounce by syllables [1]
silbar to whistle [15]
silla chair [1]
silleta stool [17]
simón type of carriage [18]
simpático nice [4]
sin without [1]
síncope fainting spell [19]
singular extraordinary [4]
siniestro sinister [1]; left [4]
sino fate [2]; destiny [4]
sinsabor sorrow [5]
sintir to experience [9]
siquiera at least [19]; even [21]
sitio place [9]
soberano sovereign [3]
soberbia prideful arrogance [2]
soberbio magnificent [10];
 tremendous [16]
sobrado abundant [11]

sobre over [7]; envelope [12]
sobrealiento hard breathing [15]
sobrecoger to surprise [14]
sobrenatural supernatural [4]
sobrepujar to surpass [6]
sobresaltar to startle or alarm [14]
sobrina niece [12]
sociedad society [3]
socorro help [1]
sofocación choking [18]
sofocado stifled [15]
sofocar to get embarrassed [19]; —
  por to get excited about [2]
sofoco blush [17]; embarrassment [19]
sol sun [1]; **puesta del** — sunset [19]
solar pertaining to the sun [3];
  mansion [3]; ancestral home [4]
solas: a — alone [20]
soledad solitude [6]
soler to be in the habit of [3]; to
  usually [6]
solitario without other people [3]; a
  single-set precious stone [12]
soliviantar to excite [19]
sollozar to sob [5]
sollozo sob [1]; **romper en** —**s** to
  break into tears [18]
solo alone [6]
sólo only [7]
soltar to let go of [1]; to get out [2];
  set free [9]
soltero unmarried [5]
solterón old bachelor [9]
sombra shade [4]; shadow [13]
sombrear to shade [11]
sombrero hat [2]
sombríamente somberly [1]
sombrío somber [11]
someter to cause to undergo [10]
soñar to dream [1]
sonar to sound [15]
sonido sound [1]
sonreír to smile [4]

sonrisa smile [4]
sonrojo blushing [5]
sonrosar to make pink or rose colored
  [19]
sopa soup [1]
soplamocos punch in the nose [15]
soplar to blow [21]
soplo puff [4]; breath [16]
sopor drowsiness [20]
sorber to swallow [15]
sordamente silently [14]
sordo silent [15]
sorna sarcasm [21]
sorprender to surprise [5]
sorpresa surprise [2]
sortija ring [11]
sosegar to calm or quiet [1]
sosiego calm [1]
soslayo: de — out of the corner of
  one's eye [20]
sospecha suspicion [5]
sospechar to suspect [3]
sostener to maintain [1]; to hold up
  [6]
suave soft [2]
subir to rise [1]; to climb [15]; to raise
  [16]; to come aboard [20]
súbito sudden [5]; unexpectedly
  sudden [9]; **de** — suddenly [20]
sublevar to stir up [9]; to incite to
  rebellion [12]
suceder to happen [3]
suceso outcome or result [3]; event [4]
suciedad filth [12]
sucio dirty [1]
sudario shroud [4]
sudor sweat [13]
sudoroso sweaty [15]
Suecia Sweden [8]
suegra mother-in-law [1]
suela sole of a shoe [12]; tanned
  leather [15]
suelo floor [1]; ground [16]

suelta: dar — to unleash [3]

sueño dream [1]; sleep [2]; **tener —** to be sleepy [1]

suerte luck [3]; way [20]; fate or luck [21]; **golpe de —** stroke of luck [4]

sufrir to put up with [8]

sugerir to suggest [19]

sujeción subjection [10]

sujetar to fasten [8]; to hold [13]

suma amount [9]; **en —** in short [3]

sumidero drain [4]; sewer [21]

sumir to sink [2]

superchería fraud [7]

súplica plea [5]

suplicante pleading [7]

suplicar to beg [20]

suponer to suppose [5]; to assume [7]

suprimir to do away with [14]

sur south [16]

surcar to plow a furrow [3]

surco furrow [3]

surgir to spring up [2]; to present itself [12]

surtidor fountain [15]

surtir to supply [17]; **— efecto** to work [4]

susodicho aforementioned [6]

suspirar to sigh [1]

sustentar to sustain [16]

susto scare [1]

susurrar to whisper [1]

sutil tenuous [1]; delicate [10]

T

taberna tavern [1]

tabla board [13]

tablajería butcher shop [1]

tachón ornamental nail [12]

tacón heel [2]

taconer to hit with the heel of a shoe [12]

taima cloak or cape [12]

tajo gash [15]

tal such [4]; **— vez** perhaps [7]; **— cual** just as [20]

talismán good luck charm [4]

talle waist [5]

taller workshop [15]

tamaño size [7]

tambalear to stagger [15]

también also [5]

tanda shift [20]

tapa top cover [1]; front cover [13]

tapar to cover [12]; to plug [18]

tapizar to carpet [12]

taray saltcedar (a type of shrub or small tree) [11]

tardanza delay [9]; tardiness [18]

tardar to take a long time [3]

tarde afternoon [1]; late [1]

tardío belated [21]

tarea task [9]

tarjeta card [13]

tartamudear to stammer [1]

tarumba: volverse — to rattle or confuse [7]

té tea reception [9]

teatro theater [6]

techo roof [1]

tedio boredom [5]

tejido weave [10]; skin tissue [21]

tela cloth [17]

telón theater curtain [6]

tema subject [8]

temblar to tremble [2]

temblono shaking [17]

temblor trembling [11]

tembloroso trembling [1]

temer to fear [4]

temor fear [1]

templanza mild temperature [2]

temple disposition [15]

temporada season [9]

temporal provisional [1]

tempranero too early [2]

tenaz tenacious [5]

tender to spread out [6]

tenducho shabby little shop or vending stall [1]

tener: — to be mended, fixed, or put straight [20]; — **celos** to be jealous [17]; — **empeño** to be eager [20]; — **en cuenta** to keep in mind [8]; — **ganas de** to want to [1]; — **miedo** to be afraid [7]; **no** — **inconveniente** not to mind [18]; — **sueño** to be sleepy [1]

teñir to tint [1]; to dye [20]

tentador tempting [7]

tentar to tempt [2]

teoría theory [8]

tercio one-third[10]

terciopelo velvet [6]

terciopeloso velvety [21]

terco stubborn [3]

terminante definite [16]

terminar to end [18]

término: en primer — in the first place [10]

terno swear word [17]

ternura tenderness [3]

terráqueo: globo — the earth [12]

terreno field [4]

tertulia social gathering [5]

tesoro treasure [4]

tez facial complexion [1]

tibio lukewarm [6]

tiempo time [3]; weather [9]; —**atrás** some time ago [1]; de — en — from time to time [1]

tiempos: en — in the old days [17]

tienda store [1]

tierno tender [14]

tierra the planet earth [3]; ground or earth or land or soil [4]; homeland [17]

tigre cruel and blood-thirsty person [1]

tijeras sizzors [17]

timbista gambler [17]

timbre stamp seal [12]; bell [13]

tinta ink [6]

tinte false appearance [20]

tío/a uncle/aunt [10]; guy [19]

tira narrow strip of cloth [2]

tirante tense [3]

tirar to pull or throw [2]; to draw [15]; — **de** to pull on [15]

Tirol Tyrol [8]

titubear to hesitate [4]

título: a — **de** as a [2]

tobillo ankle [2]

tocado hairstyle [3]

tocador dressing room [8]

tocar to cover one's head [2]; to put in contact with [10]; to touch [13]; to play [19]

todavía still [15]; — **no** not yet [7]

todo all [1]

tole outcry [8]

tomar to take [7]

tontería foolishness [14]

tonto foolish [1]; stupid [4]; dumb [15]; **hacerse el** — to play dumb [15]

toque touch [12]; knock [14]

torcedor thorn in the side [4]

torcer to twist [1]; to bend [6]

tormenta storm [3]

tornear to turn on a lathe [12]

torno: en — in exchange [1]; **en** — **de** about [12]

torre tower [4]

tosiquear to cough repeatedly [9]

trabajador worker [16]; hard-working [17]

trabajo work [1]

trabajosamente laboriously [14]

traer to bring [4]

tragar to swallow [1]

trago drink [1]

traje dress [3]; suit [6]; gown [10]

trajear to dress [16]

tramo: — de escaleras flight of stairs [18]

trance critical moment [15]

tramposo swindler or cheater [19]

tranquilizar to calm down [3]

tranquilo calm [6]

transatlántico transatlantic liner [6]

transcurrir to elapse [1]

transeúnte pedestrian [19]

transparentarse to show through [14]

transporte ecstasy [14]

tranvía trolley car [2]

traqueteo clattering [9]; shaking [20]

trascendental very important or serious [10]

trasconejar to get trapped in a rabbit hole [19]

trasladar to move [19]

trasladar to transfer [8]

trastornar to turn upside down [5]

tratamiento treatment [15]

tratar to treat [2]; to try [20]; **—se de** to be the subject discussed [4]; **— se de** to be a question of [6]

trato way of behaving [9]; **mal —** abuse [1]

través: a — de through [2]

travesura mischief [9]; prank [18]

trayecto: término del — end of the line [2]

traza appearance [4]

trazar to outline [13]

treinta thirty [9]; **los —** the thirties [8]

trémulo trembling [2]

trenza braid [6]

trepar to climb [11]

tres three [10]

trigal wheat field [11]

tripulación crew [2]

triste sad [1]

tristeza sadness [5]

triunfo triumph [7]

triza: hacer —s to tear to pieces [12]

trocar exchange [5]

trocear to cut into pieced [21]

trompicón punch [15]

tronco team of horses or mules [2]; trunk [9]

tropezar to trip [17]; **—se** to stumble upon [19]

trotar to bustle about [19]

trozo piece [9]

tuerto one-eyed [4]; having sight in only one eye [21]

tugurio hovel [17]

tul fine sheer net [10]

tunos rogue [17]

turbar to disturb [13]

turbio clouded [14]

turno: por — taking turns [1]; **a su —** in one's turn [20]

turquesa turquoise [10]

tuteo tú form of address [12]

U

último final [10]; latest [18]; **por —** finally [1]

ultrajar to humiliate or insult [14]

ultraje outrage [13]

ultramarino grocer [19]

ultratumba beyond the grave [14]

umbral threshold [1]

umbroso shady [20]

uña nail [1]

únicamente simply [8]

único only [14]

unido united [8]

unirse to join together [1]

urbano civil [10]

uso custom [21]

V

vacío empty [20]
vagar to wander [2]
vago blank [1]; wandering [14]; vague [16]
vaho vapor [2]
valedero valid [1]
valenciennes a famous type of bobbin lace [17]
valer to be worth [3]; to be of use [19]; **—se de** to make use of [1]
valía value [20]
válido able-bodied [21]
valiente fine [9]
valor audacity [1]; courage [5]; value [10]; **—es** stocks and bonds [8]
vanidad vanity [3]
vaporosas sheer [17]
vara rod [2]; stick [11]
varón male [1]
vaso glass [1]
vástago offspring [1]
vecindad community [1]
vecindario neighborhood [1]
vecino neighbor [1]
vedar to forbid [2]
vegetar to lead a quiet life [4]
veinte twenty [1]
vejete ridiculous old man [9]
vejez old age [9]
velada evening get-together [9]
velado veiled [5]
vello hair [16]
velludo hairy [15]
velo veil [5]
velón metal oil lamp [4]
vena vein [4]
vencer to conquer [4]
vender to sell [1]
venera badge [10]
venganza revenge [8]
venir to come [1]
venta roadside inn [11]; sale [19]

ventana window [9]
ventura luck [4]; happiness [4]
ver to see [1]
verano summer [9]
veras: de — really [1]
veraz truthful [4]
verdad truth [4]
verdadero real [4]; true [5]
verde green [6]; smutty [15]
verderón greenfinch [17]
verdoso green-colored [12]
verdugo executioner [7]
vergüenza shame [5]
verídico true [4]
verificarse to take place [10]
verso poetry [12]
vestido dress [10]
vestir to dress [1]; to dress up [13]
vetusto decrepit [4]
vez time [1]; **a la —** at the same time [10]; **alguna —** once [21]; **de — en cuando** from time to time [16]; **de una —** right now [16]; **en — de** instead of [3]; **otra —** again [9]; **tal —** perhaps [7]; **rara —** seldom [11]; **a veces** at times [1]
vía avenue [19]
viaje trip [3]
viajero traveler [20]
vibrar quiver [1]
vicio vice [12]
vicioso addicted to vice [17]
vida life [1]; **en la —** never [4]
vidriar to glaze over [14]
vidrio glass [2]
viejo old [1]
viento wind [4]
vigilancia watchfulness [8]
vigilante carefully observant for possible danger [8]
vigilar to keep an eye on [3]
vigilia keeping watch [14]
vil vile [4]

vilo: en — suspended in the air [2]
viña vinyard [8]
vindicar to defend [5]
vino wine [1]
viril masculine [6]
virtud quality [4]; virtue [5]; power [7]
visera visor [20]
víspera eve [1]
vista appearance [4]; eyesight [19]
vistas trousseau [8]
viudez widowhood [3]
viudo/a widower/widow [9]
viveza quick-wittedness [8]
vivir to live [3]; life [17]
vivo strong [3]; bright [21]
volante pleated ruffle or flounce [10]
volar to fly [11]
voluntad will [1]
voluntarioso willful [3]
voluta spiral [7]
volver to return [1]; to turn [3]; —**se** to turn around [2]; —**le a uno tarumba** to rattle or comfuse [3]; — **a + infinitivo** to + infinitive again [6]; —**se** to become [7]; —se to turn around [9]; —**se atrás** to back out [10]
voz voice [1]; **a media** — in a low voice [1]; **en** — **alta** aloud [2]; **en** — **baja** in a soft voice [8]; **en alta** — in a loud voice [11]

vuelco: dar un — to have a sudden jolt [13]
vuelo: al — in flight [3]; **al** — very quickly [5]
vuelta return [1]; **dar** —**s** to go around [1]; **dar una** — to turn around [20]
vulgar ordinary or common [10]
vulgo common people [4]

Y

ya at last [12]; already [19]; — **no** no longer [21]
yegua mare [11]
yerno son-in-law [3]
yerto rigid [1]

Z

zafar: —**se de** to escape from [3]
zafio coarse or uncouth [17]
zafiro sapphire [12]
zalamero flattering [7]
zángano parasite [15]
zapatero shoemaker [15]
zapatilla slipper [20]
zapato shoe [2]
zarandear to toss [16]
zarandeo bustling about [17]

CPSIA information can be obtained at www.ICGtesting.com
Printed in the USA
BVOW07s2019171114

375515BV00002B/82/P